河南省哲学社会科学规划项目成果

U0666994

基于非线性期望的

系统性风险度量和期权定价

Systematic Risk Measurement and
Option Pricing Based on
Nonlinear Expectation

经济管理出版社
ECONOMY & MANAGEMENT PUBLISHING HOUSE

图书在版编目（CIP）数据

基于非线性期望的系统性风险度量和期权定价/王洪霞著. —北京：经济管理出版社，2022.4

ISBN 978-7-5096-8397-2

I. ①基⋯　II. ①王⋯　III. ①金融风险防范—研究②期权定价—研究　IV. ①F830

中国版本图书馆 CIP 数据核字（2022）第 062691 号

组稿编辑：王格格
责任编辑：王格格　丁凤珠
责任印制：黄章平
责任校对：董杉册

出版发行：经济管理出版社
　　　　　（北京市海淀区北蜂窝 8 号中雅大厦 A 座 11 层　100038）
网　　址：www. E-mp. com. cn
电　　话：(010) 51915602
印　　刷：北京晨旭印刷厂
经　　销：新华书店
开　　本：720mm×1000mm /16
印　　张：11
字　　数：215 千字
版　　次：2022 年 6 月第 1 版　　2022 年 6 月第 1 次印刷
书　　号：ISBN 978-7-5096-8397-2
定　　价：88.00 元

前言　Preface

　　自 20 世纪初以来，经典概率测度的理论体系日趋完善，它在数理统计、金融经济、随机控制等领域的应用获得了令人瞩目的重要成绩。然而，我们知道，概率理论主要擅长处理那些相应的概率模型能够通过数理方法和数据分析予以确定的情形。事实上，随着互联网、计算机科学以及数据技术的飞速发展，我们所面临的现实世界（高维）数据，特别是那些与人的活动密切相关的数据，很难满足这类理想的条件。其根本原因在于，由概率测度积分导出的数学期望是线性的。经济问题研究中著名的 Allais 悖论对作为现代经济学基石的 von Neumann-Morgenstern 期望效用最大化公理化体系提出了严峻的考验，而 Ellsberg 悖论进一步揭示了以非线性来代替线性期望效用公理化体系的必要性。因而，从线性到非线性，利用非线性期望理论来分析金融和经济问题成为当前的迫切需求。为了有效解决不确定性环境下的风险度量和期权定价问题，我们将研究的目光投向非线性期望领域。

　　本书的主要研究结果有三个：第一，进一步给出了容度和 Choquet 期望理论的几个最新研究成果，这些成果是容度和 Choquet 积分理论的有意义的扩充；第二，给出了容度下的系统性风险度量指标，并提出了基于非线性期望的风险序方法；第三，基于非线性期望理论，推广了 Black-Scholes 期权定价方法，并给出了欧式期权定价公式。

　　由于笔者水平所限，本书可能满足不了读者的所有需要。究竟收效如何，读者自有公论。书中避免不了会有这样那样的错误，恳请诸位同行专家学者及广大读者批评斧正。

王洪霞

河南财经政法大学

目录 Contents

第一章

绪　论

　　20 世纪初以来，经典概率测度的理论体系日趋完善，它在数理统计、金融经济、随机控制等领域获得了令人瞩目的重要应用。然而，我们知道，概率理论主要擅长处理那些其相应的概率模型能够通过数理方法和数据分析予以确定的情形。事实上，随着互联网、计算机科学以及数据技术的飞速发展，我们所面临的现实世界（高维）数据，特别是那些与人的活动密切相关的数据，却很难满足这类理想的条件。其根本原因在于，由概率测度积分导出的数学期望是线性的。经济问题研究中著名的 Allais 悖论对作为现代经济学基石的 von Neumann-Morgenstern 期望效用最大化公理化体系提出了严峻挑战，而 Ellsberg 悖论进一步揭示了以非线性来代替线性期望效用公理化体系的必要性。因而，从线性到非线性，利用非线性期望理论来分析金融和经济问题成为当前的迫切需求。

　　金融风险管理方法的发展和完善，是我国及世界经济、金融平稳发展中亟须解决的问题。为了防范系统性风险，对其加强宏观审慎监管是各界人士的共识。只有对其准确度量，才能进行有效监管。所以，对系统性风险进行准确度量是实施宏观审慎监管的前提条件。从某种程度上来说，不能准确度量系统性风险也是导致金融危机爆发的原因之一。目前，国内外学术界提出了多种系统性风险度量方法。然而，每一种度量方法都有一定的假定条件和适用范围，可能蕴藏着较大的模型风险；同时，现有的度量方法都只是从系统性风险的一个或者几个方面展开研究，无法全面地度量系统性风险（卜林、李政，2016）。可以遗憾地说，还没有一种系统性风险度量方法受到学术界和监管部门的普遍认可。系统性风险度量方法的研究将是今后较长时期的前沿热点。对于金融机构，其资产价值的概率分布是预先无法确知的，因为商业风险中的"概率"不是精确测算得出的，仅是一个含有不确定性的估计值。未将不确定性纳入考量的经典概率统计理论在风险度量中的适用性是不完备的。而现存的风险度量方法都是以精确的先验概率为前提而建立的，这不符合金融现实，从而导致测度方法出现了各种不足。

另外，传统的期权定价模型，包括 Black-Scholes 模型、跳扩散模型、随机利率模型及随机波动模型等，都假设概率测度是唯一且已知存在的，并采用随机性来刻画定价问题的不确定性。但是，越来越多的实证研究表明，这个假设过于严格，导致它们计算出来的期权价格与期权的实际市场价格经常存在较大的偏差。原因在于，以往的定价模型都忽略了金融市场上的 Knight 不确定性。其实早在 1921 年，芝加哥经济学家 Frank Knight 就在《风险、不确定性和利润》一书中明确指出：风险为可知的不确定性，为概率分布唯一存在的、在数量上可确定的那种不确定性；而真正的不确定性为不可知的不确定性，称为 Knight 不确定性。处理"未知"可以使用贝叶斯方法，而处理"不可知"则需要完全不同的方法。Knight 不确定性是金融市场的一个特征，如何分析和计算 Knight 不确定性下的金融和经济问题已经成为当前的研究热点。在实际期权定价问题中，风险和 Knight 不确定性可以分解为随机性和模糊性两个部分，也就是说，影响价格大小的因素不仅具有随机性还具有模糊性。在 Knight 不确定性环境下，金融资产定价研究中的关键问题是，投资者对于未来金融资产的概率分布难以用单一的概率测度来预测，只能用一族主观概率测度来预测，即投资者的先验概率测度为一个集合（即先验概率测度集）。此时，在经典的概率框架中很难处理期权定价问题。

为了有效解决不确定性环境下的期权定价和风险度量问题，我们将研究的目光投向非线性期望领域。非线性期望理论的一个重要里程碑是 1953 年法国科学院院士 Choquet 将 Lebesgue 积分的概念推广应用于非可加测度——容度，获得了一个很重要的非线性期望——Choquet 期望，并把容度和 Choquet 期望应用到位势论中。相对于传统的概率测度而言，容度用较弱的单调性来代替可加性，是非可加的。容度和 Choquet 期望分别是概率测度和数学期望的合理推广。事实上，很多不确定的现象不能被可加概率或可加期望所解释，对于统计、风险管理中的很多问题都不具备可加性，因此可以通过容度和非线性期望来描述和解释这些不具备可加性的现象。近年来，容度和 Choquet 期望已经被成功应用于多目标决策、保险定价、风险管理等领域，其中一个最关键的原因就在于容度的非可加性和 Choquet 期望的非线性的特点：不仅可以描述单个变量的重要性，而且可以描述各变量间的交互作用。

第一节　研究意义

一、理论意义

（1）进一步发展完善非线性期望理论。不确定性是经济、金融数据的本质特征，而非线性期望理论有助于我们应对不确定性的科学研究。现实世界数据亟须非线性期望理论快速发展。

（2）进一步发展不确定性环境下的期权定价理论。深入剖析传统期权定价模型的特点与不足，现有期权定价模型存在的不足之处是我们首先要认清的问题，也是进一步研究的前提。在不确定环境下，我们需要跳出概率测度的框架，利用非线性期望理论来解决期权定价问题。

（3）进一步发展完善风险度量理论。首先，分析总结现存的已在不同程度获得认可与应用的风险度量方法可能存在的核心问题，针对其不足寻求应对解决方案；其次，基于非线性期望进一步研究风险度量方法。与国外研究相比，我国风险度量的研究起步较晚，虽然取得了不少成果，但还存在很大差距。本书的研究是一项理论挑战，是攻克一个困扰学术界的难题。

二、实际应用价值

（一）期权定价方面

（1）为风险资产的价格变化过程提供了更好的模拟工具。既考虑到随机性又考虑到模糊性，本书将利用 Choquet 布朗运动来刻画资产的价格运动过程。

（2）为如何预测资产价格过程的波动率系数提供了思路。在期权定价中，通常采用一个包含漂移系数和波动率系数的随机微分方程来定义标的资产的价格过程。一直以来，确定一个价格过程的波动率系数成为学者们所面临的难题。由于波动率具有不确定性，学术界通常假定其在一定范围内变化，即假定其为区间值的。但在实际应用中，如何得到风险资产的区间值的波动率？这个问题需要本书的相关研究来回答。

（3）为解决不确定环境下的期权定价问题提供了工具。本书将在非线性期望框架下对 Black-Scholes 期权定价公式进行拓展研究，力图给出更为合理、实用的期权定价方法。

（二）风险度量方面

（1）为进一步研究风险度量方法指明了方向。本书将寻求现存度量方法存在的核心问题，深入剖析系统性风险出现的根源，为进一步研究提供方向。

（2）为金融风险管理技术和方法提供工具。准确度量风险是风险管理的首要环节。由于经济、金融数据具有不确定性，本书基于非线性期望——Choquet 期望理论构建非线性的系统性风险度量指标，为风险管理提供更适用的度量工具。

（3）为金融系统总的风险水平的度量方法提供了思路。对单个机构的系统性风险贡献进行评估之后，由于机构之间存在交互影响，本书将采用 Choquet 期望来测度整个系统总的风险水平。

（4）为风险管理部门提供决策参考。度量方法应和宏观审慎监管有机结合，更好地用于实践。

第二节　国内外研究的现状与趋势

一、Choquet 期望理论

关于容度和 Choquet 期望，国内外学者得到许多深刻的理论结果，例如 Choquet 期望的表示定理（Schmeidler，1986）、共单调条件下的 Fubini 定理（Ghirardato，1997）、单调收敛定理、Fatou 引理、Lebesgue 控制收敛定理（Denneberg，1994，2002）。1989 年，Schmeidle 提出了容度框架下的 Choquet 期望效用理论，该理论可以解释 Allais 悖论和 Ellsberg 悖论。严加安和王增武（2005）对 Choquet 期望及其应用进行了系统的总结。Maccheroni 和 Marinacci（2005）利用集值随机变量的分布与 Choquet 容度的关系，给出了容度下的独立同分布随机变量序列的大数定律，大大简化了相同定理 Maccheroni 在 1999 年的证明。山东大学的陈增敬（2005）研究了上、下概率满足的不等式，这里的上、下概率是先验概率测度集的上、下确界，首次提出次凹容度的概念，并指出上、下概率是一对次凹容度。陈增敬（2010，2011，2016）得到了容度下的独立同分布的强大数定律与重对数律，证明了中心极限定理，并在此基础上得到了容度下的一般的强大数定律的推广定理。Eichberger 等（2010）比较了三种更新准则在刻画 Choquet 期望效用动态相容性中的优劣。王洪霞（2019）修改了陈增敬教授率先提出的次凹容度的概念并研究了其 Choquet 期望的性质。

二、Choquet 期望在资产定价中的应用

容度和 Choquet 期望最开始受到经济学家的关注始于 Shapley（1953）在研究合作博弈时的一篇论文。后来，为了解释经济问题中的 Allais 悖论和 Ellsberg 悖论，Schmeidle（1989）提出了非线性的 Choquet 期望效用理论，该理论是经典期望效用理论的推广。为了分析金融市场中的摩擦因素和投资者的不确定性厌恶情绪，Chateauneuf 等（1996）首次提出利用 Choquet 期望对金融资产进行定价。陈增敬教授和 Kulperger（2006）讨论了 Choquet 定价与最大、最小定价之间的关系。

在资产定价的研究中，从正态分布到稳定分布，又到几何布朗运动，再到分数布朗运动，学者们探索出越来越有力的数学模型来刻画资产价格的变化过程，但它们存在一个共同的缺点：只关注随机性，而忽略了金融市场上的模糊性。近年来，Choquet 期望理论在资产价格运动的模拟研究中取得重大突破。Kast 和 Lapied（2010）提出了对称 Choquet 随机游走的概念，其与经典离散二叉树模型的区别是：任意价格节点处，经过一个时间区间以后，资产价格上涨的概率、下降的概率皆用一个相同的容度来代替，其中，容度的取值与投资者的不确定性厌恶程度有关。对称 Choquet 随机游走过程具有动态相容性，当时间区间无穷小时，其收敛为对称 Choquet 布朗运动，Kast 等（2014）证明得出：对称 Choquet 布朗运动的漂移率系数和波动率系数皆为容度的函数。接着，Driouchi 等（2015）率先将对称 Choquet 布朗运动引用到期权定价问题的研究中，得到了带有随机敲定价格的欧式交换期权的定价公式。Agliardi（2017）进一步定义了非对称 Choquet 随机游走的概念，并研究了非对称 Choquet 布朗运动的性质，得出结论：不确定性厌恶下的非对称 Choquet 布朗运动比经典布朗运动具有更低的漂移率和波动率。

另外，对于不确定的波动率，目前学术界提出观点：虽然无法描绘出波动率的确切变化，但是，至少可以确定它的变化范围。此时，期权的定价核是由一族概率测度组成的集合，此集合的上确界和下确界皆为容度。Denis 和 Martini（2006）利用容度理论研究了波动率不确定情形下路径依赖期权的权利金。韩立岩和周娟（2007）运用 λ-容度及其 Choquet 期望求解欧式无红利期权的期初价格，所得价格是一个区间而不是某个特定数值。

三、Choquet 期望在风险度量中的应用

扭曲风险度量起始于 Yaari（1987）提出的风险选择对偶理论，Wang（1995）将此度量方法应用于金融保险领域。实际上，扭曲风险度量是基于扭曲概率的一种风险测度方法，而扭曲概率是特殊的容度。可以说，扭曲风险度量是特殊的 Choquet 期望。

基于各自的定义可知，下面几种常用的风险度量：VaR（Value at Risk，风险价值）、CVaR（Conditional Value at Risk，条件风险值），GVaRGlue Vale at Risk）皆为特殊的扭曲风险度量。

Epstein（1999）基于偏好关系给出了扭曲概率下的风险厌恶的定义及一些刻画。严加安和宋永生（2006，2009）利用 Choquet 期望对风险度量的公理化系统进行了修改刻画。

四、G-期望理论及其应用

除了 Choquet 期望之外，还有一类非线性期望颇受关注——G-期望。近几年来，山东大学的彭实戈院士、陈增敬教授及课题组从等价鞅测度不

唯一而是一族的角度，利用倒向随机微分方程理论研究了收益率和波动率不确定（即区间值收益率与区间值波动率）情形下的期权定价问题，并且发展了 G-期望理论。Denis、胡明尚和彭实戈（2011）证明了 G-期望可以表示成一族相互奇异概率测度集合的期望的上确界。这一结论使 G-期望理论与 Denis 和 Martini（2006）的研究成果统一了起来。接着，著名经济学家 Epstein 和 Ji（2013，2014）基于此理论，在波动率不确定性情形下，推导出了 Radner 均衡下的资本资产定价公式。

五、存在问题

综合来看，对于非线性期望框架下的期权定价和风险度量方法学术界已经做了大量的工作，形成了一定的理论基础和成果积累。但也存在一些不足：

（1）缺乏针对资产价格波动率的预测研究。作为刻画资产价格统计特性的重要参数，波动率与其他市场变量可能存在相关性，会随着市场变量的变化而变化，其具有不确定性，难以预测。现有文献多假设波动率在一个区间内取值，但在实际应用中，如何得到区间值波动率？这需要研究区间值时间序列模型、参数估计与假设检验方法，目前该方面的研究文献较少。

（2）理论上来讲，Choquet 布朗运动的漂移率和波动率都与投资者的不确定性厌恶情绪有关，其既考虑到实际金融数据的随机性又考虑到模糊性，应该比以往研究中的模型更适合用来模拟风险资产的价格变动。但目前还缺乏实证分析验证。

（3）目前还没有文献将非对称 Choquet 布朗运动应用到期权定价方法的研究中。

（4）不确定性是经济、金融数据的本质特征，而 Choquet 期望理论即为一类有助于我们应对不确定性的科学研究。可以基于 Choquet 期望来构建涵纳不确定性的非线性风险度量指标，但这方面的研究成果较少。另外，考虑到金融机构间存在着错综复杂的关联关系，彼此之间交互影响，从单个机构的系统性风险贡献如何度量整个金融系统总的风险？这些问题亟须研究。

第三节　内容框架

第一章，绪论。

第二章，非线性期望理论。简单介绍 Choquet 期望和 G-期望的概念及其有关性质。

第三章，关于非线性期望及其应用的几个最新成果。

第四章，基于非线性期望的系统性风险度量。

第五章，基于非线性期望的期权定价。

第六章，几何过程中密度函数的估计。

第二章

非线性期望理论

第一节　Choquet 期望理论

假设（Ω，$\mathcal{F}$）是可测空间，（R^+）R 是（非负）实数集。这一部分中，我们将给出容度和 Choquet 期望的定义及其有关的性质。

一、容度

给定可测空间（Ω，$\mathcal{F}$），其上的所有概率测度的集合记为 $\mathcal{M}$。1953年，Choquet 给出了容度与 Choquet 积分的定义。

定义 2-1-1　集函数 $\mu : \mathcal{F} \to [0, 1]$ 称为一容度（capacity），如果满足

（1）$\mu(\varnothing) = 0$，$\mu(\Omega) = 1$；

（2）$\mu(A) \leqslant \mu(B)$，$\forall A$，$B \in \mathcal{F}$ 且 $A \subseteq B$。

此时，我们用三元组（Ω，$\mathcal{F}$，μ）表示一容度空间。

如果对任意集合 $B \subseteq \Omega$，存在集合 $A \in \mathcal{F}$，满足 $B \subseteq A$ 和 $\mu(A) = 0$，则称 B 是 μ-零集（μ-nullset）。依赖于 $\omega \in \Omega$ 的性质被称作关于 μ 几乎处处成立，如果存在一个 μ-零集 N 使得此性质在 N^C 上成立，简记为 a.e. [μ]。

定义 2-1-2　容度 μ 的对偶容度（conjugate capacity）$\overline{\mu}$ 定义为：对任意 $A \in \mathcal{F}$，$\overline{\mu}(A) = 1 - \mu(A^C)$。

下面我们列举一些常用的容度。

定义 2-1-3　如果容度 μ 满足：对任意 A，$B \in \mathcal{F}$，$A \cap B = \varnothing$，有

$$\mu(A \cup B) \leqslant \mu(A) + \mu(B) \qquad (2-1)$$

则称 μ 是次可加的（subadditive）；

如果上面的不等式（2-1）中"$\leqslant$"换成"$\geqslant$"，则称 μ 是超可加的（superadditive）。如果 μ 既是超可加的又是次可加的，则称 μ 是可加的（additive）。

定义 2-1-4　称容度 μ 是凹的（concave）或者次模的（submodular），如果对任意 A，$B \in \mathcal{F}$，有

$$\mu(A \cup B) + \mu(A \cap B) \leq \mu(A) + \mu(B) \qquad (2-2)$$

如果上面的不等式（2-2）中"$\leq$"换成"$\geq$"，则称 μ 是凸的（convex）或者超模的（supermodular）。

在有些文献中，凹容度也被称作 2-交替（2-alternating）容度，而凸容度也被称作 2-单调（2-monotone）容度。

定义 2-1-5　称容度 μ 在 A 处是从下连续的（从上连续的），如果当 $A_n \uparrow A$，那么（$A_n \downarrow A$）有

$$\lim_{n \to \infty} \mu(A_n) = \mu(A)$$

如果 μ 在 A 处既是从下连续的又是从上连续的，则称 μ 在 A 处是连续的；如果 μ 在 $\mathcal{F}$ 中任何元素处均是连续的，则称容度 μ 是连续的。连续的容度称为 Choquet 容度。

例 2-1-1　假设 $(\Omega, \mathcal{F})$ 为可测空间，$\mathbb{P}$ 为其上概率，函数 g：$[0, 1] \to [0, 1]$ 是非降的，且满足 $g(0) = 0$，$g(1) = 1$，则 $\mu = g \circ \mathbb{P}$ 为一个容度，此容度被称为扭曲概率，并且 g 被称为扭曲函数。

扭曲概率 $g \circ \mathbb{P}$ 的对偶为 $\overline{\mu} = \overline{g} \circ \mathbb{P}$，其中 $\overline{g}(x) = 1 - g(1-x)$，$x \in [0, 1]$ 是对偶扭曲函数。

Yan（2009）得到结论：若 g 是凹（凸）函数，则 $g \circ \mathbb{P}$ 是凹（凸）的扭曲概率。

仅就凹函数的情形，证明如下：$\forall A, B \in \mathcal{F}$，假设 $a := \mathbb{P}(A) \leq \mathbb{P}(B) =: b$，记 $c = \mathbb{P}(A \cap B)$，$d = \mathbb{P}(A \cup B)$，则有 $c \leq a \leq b \leq d$。因为 $\mathbb{P}$ 为概率，有 $c+d = a+b$。由于 g 是凹函数，则有 $g(c) + g(d) \leq g(a) + g(b)$，所以 $g \circ \mathbb{P}$ 是凹的。

性质 2-1-1　给定容度空间 $(\Omega, \mathcal{F}, u)$，则 μ 具有下列性质：

（1）$\overline{\overline{\mu}} = \mu$；

（2）μ 单调，当且仅当 $\overline{\mu}$ 单调；

（3）μ 是凹的，当且仅当 $\overline{\mu}$ 是凸的。

注：这表明 μ 和 $\overline{\mu}$ 具有某种对偶关系，但并不是每一性质都是具有对偶关系的，例如，"μ 超可加的 $\Leftrightarrow \overline{\mu}$ 次可加的"，并不一定成立，反例如下：

例 2-1-2　令 $\Omega = \{\omega_1, \omega_2, \omega_3\}$，$\mathcal{F} = 2^{\Omega}$，取

$$\mu(\varnothing) = 0, \quad \mu(\Omega) = 1$$

$$\mu(\{\omega_i\}) = \frac{1}{6}, \quad \mu(\{\omega_i, \omega_j\}) = \frac{2}{3}, \quad i, j = 1, 2, 3$$

容易验证 μ，$\overline{\mu}$ 均为超可加的，这表明超可加性不具有对偶关系。

定义 2-1-6 容度 μ 的核被定义为

$$C（\mu）= \{\mathbb{P} \in \mathcal{M}：\overline{\mu}（A）\leqslant \mathbb{P}（A）\leqslant \mu（A），\ \forall A \in \mathcal{F}\} \quad (2-3)$$

记作 C（μ）。

注：此定义在对策论（Game Theory）中被称作"$\overline{\mu}$ 的核"，常常被表示为 $\{\mathbb{P} \in \mathcal{M}：\overline{\mu} \leqslant \mathbb{P}\}$。可以将 μ 和 $\overline{\mu}$ 分别表示为核的上、下包络（Upper and Lower Envelope）（Denneberg，1994a，1994b）。

定理 2-1-1 如果容度 μ 是凹的，则对任意 $A \in \mathcal{F}$，有

$$\mu（A）= \max_{\mathbb{P} \in C（\mu）} \mathbb{P}（A）$$

$$\overline{\mu}（A）= \min_{\mathbb{P} \in C（\mu）} \mathbb{P}（A）$$

如果容度是凹的，则 $C（\mu）\neq \emptyset$。显然，如果 μ 是凸的，则 μ 的对偶的核可表示为

$$C（\overline{\mu}）= \{\mathbb{P} \in \mathcal{M}：\mu（A）\leqslant \mathbb{P}（A）\leqslant \overline{\mu}（A），\quad \forall A \in \mathcal{F}\}$$

并且 $C（\overline{\mu}）\neq \emptyset$。

二、Choquet 期望

随机变量 f 是（Borel）可测函数 $f：（\Omega，\mathcal{F}）\rightarrow （\mathbb{R}，\mathcal{B}（\mathbb{R}））$，其中 $\mathcal{B}（\mathbb{R}）$ 是 $\mathbb{R}$ 的 Borel σ-域。所有有界随机变量的全体记作 L^{∞}。有界随机变量关于容度的积分是由 Choquet（1953）给出的。

定义 2-1-7 假设 $f \in L^{\infty}$。f 在 $A \in \mathcal{F}$ 上关于容度 μ 的 Choquet 积分（也称为 Choquet 期望）定义为

$$(C)\int_A f d\mu = \int_0^{+\infty} \mu（A \cap \{f \geqslant t\}）dt + \int_{-\infty}^0 [\mu（A \cap \{f \geqslant t\}）- 1]dt$$

$$(2-4)$$

其中，右边的所有积分都是 Lebesgue 意义下的。

注：（1）如果 μ 为一概率测度，则 Choquet 积分退化为经典的数学期望。

（2）f 在 Ω 上关于容度 μ 的 Choquet 积分简记为 $(C)\int f d\mu$。

（3）Choquet 积分是不对称的，因为一般地，$(C)\int f d\mu$ 不等于 $-(C)\int -f d\mu$，

它们分别被称作上 Choquet 积分和下 Choquet 积分。

(4) 如果 $-\infty < (C)\int fd\mu < \infty$，则称 f 是 Choquet 可积的。

(5) 假定可测函数 f 为简单函数，即 $f = \sum\limits_{i=1}^{n} x_i I_{A_i}$，其中 $\bigcup\limits_{i=1}^{n} A_i = \Omega$，$A_i \cap A_j = \emptyset$，$\forall_{i \neq j}$，且 $\{x_i\}$ 按降序排列即 $x_1 \geqslant x_2 \geqslant x_3 \cdots \geqslant x_n$，则

$$(C)\int fd\mu = \sum_{i=1}^{n} (x_i - x_j)\mu(S_i) = \sum_{i=1}^{n} x_i(\mu(S_i) - \mu(S_{i-1}))$$

其中，$S_i = A_1 \cup \cdots \cup A_i$，$i = 1, 2, 3\cdots, n$，$S_0 = \emptyset$ 且 $x_{n+1} = 0$。

下面的两个定理描述了 Choquet 积分的基本性质（Denneberg，1994a，1994b）。

定理 2-1-2 对容度 μ 和 f，$g \in L^\infty$，则：

(1) $(C)\int 1_A d\mu = \mu(A)$，$A \in \mathcal{F}$；

(2)（正时齐性）对所有 $\lambda \in \mathbb{R}^+$，有 $(C)\int \lambda fd\mu = \lambda \cdot (C)\int fd\mu$；

(3)（转移不变性）对所有 $c \in \mathbb{R}$，有 $(C)\int (f + c)d\mu = (C)\int fd\mu + c$；

(4)（非对称性）$(C)\int (-f)d\mu = -(C)\int fd\bar{\mu}$；

(5)（关于被积随机变量的单调）若 $f \leqslant g$，则 $(C)\int fd\mu \leqslant (C)\int gd\mu$；

（关于容度的单调）若 $\mu \leqslant v$，则 $(C)\int fd\mu \leqslant (C)\int fdv$；

(6)（次可加性）如果 μ 是凹的，则有 $(C)\int (f + g)d\mu \leqslant (C)\int fd\mu + (C)\int gd\mu$；

（超可加性）如果 μ 是凸的，则有 $(C)\int (f + g)d\mu \geqslant (C)\int fd\mu + (C)\int gd\mu$。

我们称两个随机变量 f，$g \in L^\infty$ 是共单调的，如果对任意一对 ω，$\omega' \in \Omega$，都有 $(f(\omega) - f(\omega'))(g(\omega) - g(\omega')) \geqslant 0$。

定理 2-1-3（共单调可加性）如果 f，$g \in L^\infty$ 是共单调的，则有

$$(C)\int (f + g)d\mu = (C)\int fd\mu + (C)\int gd\mu$$

第二节   G-期望理论

此部分内容请参见彭实戈（2017）。

G-期望是一种次线性期望，它是由彭实戈院士在近几年提出的一个理论框架。这一理论框架是对经典概率理论的一个拓展，通过它，我们获得了一个崭新的视角来看待经典概率论。同时这一理论框架是一个植根于不确定性的理论，这一类不确定性源于人们的未知，是 Knight 不确定性。

一、非线性期望空间

非线性期望理论的出发点是直接对于不确定量——随机变量来定义其非线性期望泛函。下面将在公理体系的基础水平上引入非线性期望的概念。

定义 2-2-1   设 Ω 是一个给定的集合，而其上的一个向量格 $\hbar$ 是定义在 Ω 上的实值函数所组成的一个线性空间，且满足以下条件：

（1）每一个实值的常熟 c 都在 $\hbar$ 中；

（2）如果 $X(\cdot) \in \hbar$，则也有 $|X(\cdot)| \in \hbar$。我们把 $\hbar$ 中的函数称为随机变量，而称二元组 $(\Omega, \hbar)$ 为随机变量空间。

以下为了叙述简便，不失一般性地，假设 $\hbar$ 还满足：如果 $X \in \hbar$，则对于每一个 $\varphi \in C_{Lip}(\mathbb{R}^d)$ 都有 $\varphi(X) \in \hbar$。其中，$C_{Lip}(\mathbb{R}^d)$ 是定义在 $\mathbb{R}^d$ 上的一致 Lipachitz 连续函数全体构成的线性空间。如果还是有界函数，则将 Lip 换成 b. Lip。

定义 2-2-2   一个非线性期望 $\hat{\mathbb{E}}$ 是定义在随机变量空间 $\hbar$ 上的满足以下两个性质的（非线性）泛函 $\hat{\mathbb{E}}: \hbar \mapsto \mathbb{R}$：

（1）单调性，即对于所有满足 $X(\omega) \geqslant Y(\omega) (\forall \omega \in \Omega)$ 的随机变量 X，$Y \in \hbar$，都有 $\hat{\mathbb{E}}[X] \geqslant \hat{\mathbb{E}}[Y]$。

（2）保常数性，即 $\hat{\mathbb{E}}[c] = c$，并且称三元组 $(\Omega, \hbar, \hat{\mathbb{E}})$ 为一个非线性期望空间。称 $\hat{\mathbb{E}}$ 为一个次线性期望。如果它还满足：

（3）次线性，即$\hat{\mathbb{E}}[X+Y] \leqslant \hat{\mathbb{E}}[X]+\hat{\mathbb{E}}[Y]$，$\hat{\mathbb{E}}[\lambda Y] = \lambda \hat{\mathbb{E}}[X]$，$\forall X$，$Y \in \hbar$，$\lambda \geqslant 0$。

（4）如果对于$X \in \hbar$，这个次线性期望还满足$\hat{\mathbb{E}}[-X] = -\hat{\mathbb{E}}[X]$，则称$\hat{\mathbb{E}}$为一个线性期望。

定义 2-2-3 称一个定义在$(\Omega，\hbar)$上的次线性期望$\hat{\mathbb{E}}$是正则的，如果对于$\hbar$中的每一个单调下降的且在每一个点$\omega \in \Omega$都有$\lim_{i \to \infty} X_i(\omega) = 0$的随机变量序列$\{X_i\}_{i=1}^{\infty}$，我们都有$\hat{\mathbb{E}}[X_i] \downarrow 0$。

次线性期望在非线性期望框架中起着非常重要的作用。事实上，次线性期望等价于关于一族线性期望取上期望，它是我们熟知的 Hahn-Banach 定理的直接推论。

定理 2-2-1 设$\hat{\mathbb{E}}$为一个定义在$(\Omega，\hbar)$上的次线性期望，则存在定义在$(\Omega，\hbar)$上的一族线性期望 E_{θ}：$\theta \in \Theta$满足

$$\hat{\mathbb{E}}[X] = \max_{\theta \in \Theta} E_{\theta}[X] \tag{2-5}$$

若$\hat{\mathbb{E}}$还是正则的，则对于每一个$\theta \in \Theta$，存在唯一的定义在可测空间$(\Omega，\sigma(\hbar))$上的概率测度 P_{θ}使得

$$E_{\theta}[X] = \int_{\Omega} X(\omega) dP_{\theta}(\omega)，\quad \forall X \in \hbar \tag{2-6}$$

其中，$\sigma(\hbar)$是$\hbar$中的随机变量全体生成的最小σ代数。

面对一个实际问题中的随机变量，如明天某股票的价格时，我们经常想要找到隐藏在其背后的概率。但是经济学家早就警告我们，那种指望能够找出其概率来定量地处理经济和金融中的问题的想法常常是不现实的。而真正经常会遇到的则是一个概率集合$\{P_{\theta}\}_{\theta \in \Theta}$，但是，原则上，我们无法确定出其中哪一个概率是"真的"。我们称这样的$\{P_{\theta}\}_{\theta \in \Theta}$为一个不确定概率族。定理 2-4 恰恰告诉我们可以利用次线性期望$\hat{\mathbb{E}}$来等价地刻画一个不确定概率族$\{P_{\theta}\}_{\theta \in \Theta}$。本书以下所讨论的次线性期望都假设是正则的。

二、次线性期望下的正态分布和最大分布

我们知道，概率空间$(\Omega，\mathcal{F}，\mathbb{P})$中的一个均值为零方差为$\sigma^2$的随机变量 X 是正态分布的，即$X \overset{d}{=} N(0，\sigma^2)$，等价于：

$$X + \bar{X} \overset{d}{=} \sqrt{2} X$$

其中，$\bar{X}$ 是 X 的一个独立复制。与此完全一样的非线性关系同样也刻画了次线性期望空间中的正态分布随机变量。

定义 2-2-4 称次线性期望空间（Ω，$\hbar$，$\hat{\mathbb{E}}$）中的一个 d-维随机向量 $X = (X_1, X_2, X_3, \cdots, X_d)$ 为零均值正态分布，如果

$$X + \bar{X} \overset{d}{=} \sqrt{2} X$$

其中，$\bar{X}$ 是 X 的一个独立复制。

定义 2-2-5 称次线性期望空间（Ω，$\hbar$，$\hat{\mathbb{E}}$）中的一个 d-维随机向量 $Y = (Y_1, Y_2, Y_3, \cdots, Y_d)$ 是最大分布，如果存在 $\mathbb{R}^d$ 中的有一个有界的凸闭子集合 $\bar{\Theta}$，使得

$$\hat{F}_Y[\varphi] = \hat{\mathbb{E}}[\varphi(Y)] = \max_{v \in \bar{\Theta}} \varphi(v), \quad \varphi \in C_{Lip}(\mathbb{R}^d)$$

记为 $Y \overset{d}{=} M(\bar{\Theta})$。如果 $\bar{\Theta}$ 是非凸集合，则称其为非凸的最大分布。

现实中，人们常会碰到其概率分布完全未知的随机变量 X，而仅能确定其在一个区间内取值，即仅知道 $\underline{\mu} \leq X \leq \bar{\mu}$。此时，很容易误将 X 的分布取为均匀分布 $U_{[\underline{\mu}, \bar{\mu}]}$，而其实均匀分布 $U_{[\underline{\mu}, \bar{\mu}]}$ 与分布为同等程度的未知 $M_{[\underline{\mu}, \bar{\mu}]}$ 这两个概念本质上根本不同。这种错误常会导致很大的风险，所以要特别注意。显然有

$$M_{[\underline{\mu}, \bar{\mu}]} \overset{d}{\geq} U_{[\underline{\mu}, \bar{\mu}]}$$

更一般地，称一对 d-维随机向量(X，Y)为 G-分布，如果

$$(X + \bar{X}, Y + \bar{Y}) \overset{d}{=} (\sqrt{2} X, 2Y)$$

其中，$(\bar{X}, \bar{Y})$ 为 (X，Y) 的独立复制。

设 $\mathbb{S}(d)$ 为所有 d×d，$\mathbb{S}_+(d)$ 为 $\mathbb{S}(d)$ 中的所有 $A \in \mathbb{S}(d)$ 满足 $(Ax, x) \geq 0$，$x \in \mathbb{R}^d$。可以验证，X 是 G-正态分布，Y 是最大分布，而(X，Y)的分布有以下函数刻画：

$$G(p, A) := \hat{\mathbb{E}} \left[\frac{1}{2} \langle AX, X \rangle + \langle p, Y \rangle \right], \quad (p, A) \in \mathbb{R}^d \times \mathbb{S}(d)$$

容易验证 $G: \mathbb{R}^d \times \mathbb{S}(d) \mapsto \mathbb{R}$ 是一个关于 A 单调的次线性函数。显然 G 也是一个连续函数。从而存在一个凸闭集合 $\Gamma \subset \mathbb{R}^d \times \mathbb{S}_+(d)$ 满足

$$G(p,\ A) = \sup_{(q,\ Q)\in \Gamma} \left[\frac{1}{2}\text{tr}[AQ] + \langle p,\ q \rangle \right],\ (p,\ A) \in \mathbb{R}^d \times \mathbb{S}(d)$$

$$(2\text{-}7)$$

每一个满足（2-7）的函数 G 都唯一地确定了一个 G-正态分布。

以下性质表明，任何有界的随机序列都可以被次线性期望下的独立同分布(i.i.d)序列的分布所覆盖，也就是说，次线性期望下的 i.i.d 假设可以应用于非常多的实际的随机数据。

性质 2-2-1　假设 $\{Y_i\}_{i=1}^{\infty}$ 是次线性期望空间 $(\Omega,\ \hbar,\ \hat{\mathbb{E}})$ 中的随机变量序列，且有

$$Y_1 \overset{d}{=} M_{[\underline{\mu},\ \bar{\mu}]}$$

$\{X_i\}_{i=1}^{\infty}$ 是一个概率空间 $(\Omega,\ \mathcal{F},\ \mathbb{P})$ 中的实值随机变量空间序列，且 $\underline{\mu} \leqslant X_i(\omega) \leqslant \bar{\mu}$，$\mathbb{P}$-a.s.，则 $\{X_i\}_{i=1}^{\infty}$ 的有限维分布被 $\{Y_i\}_{i=1}^{\infty}$ 的所覆盖，即对于任何的正整数 N 和任何的 $\varphi \in C_b(\mathbb{R}^N)$，都有

$$\hat{\mathbb{E}}\left[\varphi(Y_1,\ Y_2,\ Y_3,\ \cdots,\ Y_N) \right] \geqslant E_{\mathbb{P}}\left[\varphi(X_1,\ X_2,\ X_3,\ \cdots,\ X_N) \right]$$

三、非线性大数定律和中心极限定理

定义 2-2-6　称非线性期望空间 $(\Omega,\ \hbar,\ \hat{\mathbb{E}})$ 中的一个 $\mathbb{R}^d$-值的随机变量序列 $\{X_i\}_{i=1}^{\infty}$ 为独立分布，简记为 i.i.d，如果对于每一个 $i=1,\ 2,\ 3,\ \cdots$，有 $X_{i+1} \overset{d}{=} X_i$ 且 X_{i+1} 独立于 $X_1,\ X_2,\ X_3,\ \cdots,\ X_i$。

注意到非线性期望下 i.i.d 条件只需要假设一个方向的独立性——倒向独立性。其实，现实中的大部分数据很难满足概率论意义下的 i.i.d 条件，而对于定义 2-2-6 给出的次线性 i.i.d 条件则可以满足，或者可以近似地满足。

定理 2-2-2　（大数定律）设 $\{X_i\}_{i=1}^{\infty}$ 为 $(\Omega,\ \hbar,\ \hat{\mathbb{E}})$ 中的一个 $\mathbb{R}^d$-值的 i.i.d 的随机变量序列，且满足

$$\lim_{c\to\infty} \hat{\mathbb{E}}\left[(|X_1| - c)^+ \right] = 0 \tag{2-8}$$

则序列 $\left\{ \sum_{i=1}^{n} \frac{X_i}{n} \right\}_{n=1}^{\infty}$ 按分布收敛到一个最大分布

$$\lim_{c \to \infty} \hat{\mathbb{E}}\left[\varphi\left(\sum_{i=1}^{n} \frac{X_i}{n}\right)\right] = \max_{\mu \in \Gamma}\left[\varphi(\mu)\right] \tag{2-9}$$

对于所有的满足线性增长条件的函数 $\varphi \in C(\mathbb{R}^d)$，$\Gamma$ 是由下式决定的 $\mathbb{R}^d$ 中的有界凸闭集：

$$\max_{\mu \in \Gamma}\langle \mu, p \rangle = \hat{\mathbb{E}}\left[\langle p, X_1 \rangle\right], \quad p \in \mathbb{R}^d$$

特别地，当 $d = 1$ 时，有 $\Gamma = [\underline{\mu}, \bar{\mu}]$，其中

$$\bar{\mu} = \hat{\mathbb{E}}\left[X_1\right], \quad \underline{\mu} = -\hat{\mathbb{E}}\left[-X_1\right]$$

定理 2-2-3 （中心极限定理）设 $\{(X_i, Y_i)\}_{i=1}^{\infty}$ 为 $(\Omega, \hbar, \hat{\mathbb{E}})$ 中的一个 $\mathbb{R}^{2d}$-值的 i.i.d 的随机变量序列，还假设 $\hat{\mathbb{E}}\left[Y_1\right] = \hat{\mathbb{E}}\left[-Y_1\right] = 0$，及式（2-8）和

$$\lim_{c \to \infty} \hat{\mathbb{E}}\left[\left(|Y_1|^2 - c\right)^+\right] = 0 \tag{2-10}$$

记作：

$$\bar{S}_n := \sum_{i=1}^{n}\left(\frac{X_i}{n} + \frac{Y_i}{\sqrt{n}}\right)$$

则随机变量序列 $\{\bar{S}_n\}_{n=1}^{\infty}$ 按分布收敛：

$$\lim_{n \to \infty} \hat{\mathbb{E}}\left[\varphi(\bar{S}_n)\right] = \hat{\mathbb{E}}\left[\varphi(\xi + \zeta)\right], \quad \forall \varphi \in C_{Lip}(\mathbb{R}^d) \tag{2-11}$$

其中，随机变量对 (ξ, ζ) 为 G-正态分布随机向量，且相应的次线性函数 $G : \mathbb{R}^d \times \mathbb{S}(d) \mapsto \mathbb{R}$ 由下式给出：

$$G(p, A) := \hat{\mathbb{E}}\left[\langle p, X_1 \rangle + \frac{1}{2}\langle AY_1, Y_1 \rangle\right], \quad p \in \mathbb{R}^d, \ A \in \mathbb{S}(d)$$

非线性期望框架下的大数定律和中心极限定理表明了极大分布和 G-正态分布是普适性很强的分布，它还提供了一个研究模型不确定的统计推断和误差分析等的基本工具。

四、关于实际样本数据的非线性分布的 φ-max-mean 算法

在实际问题中我们所碰到的将来要发生的不确定量，都可以视作一个随机变量 X，而在大多数情形下，我们能做的其实就是根据样本数据来获得我们所关心的量 $\varphi(X)$ 的期望。这个函数 φ 对于不同的情形有着不同的意义，例如，$\varphi(X)$ 可以是基于 X 的一个金融合同，一个看跌期权 $\varphi(x) =$

$\max\{0, x-k\}$，或者一个损益函数等。

考虑一个次线性期望空间 $(\Omega, \hbar, \hat{\mathbb{E}})$，设 x_i，$i = 1, 2, 3, \cdots, n \times m$ 为 i.i.d 的样本，下面引入 $\varphi-\max-\text{mean}$ 计算程序来获得关于 $\bar{\mu}_{\varphi(X)} = \hat{\mathbb{E}}[\varphi(X)]$ 估计：

$$\hat{M}[\varphi](X_1, \cdots, X_{mn}) = \hat{M}[\varphi] = \max\{Y_n^k : k = 1, \cdots, m\}$$

其中

$$Y_n^k = \frac{1}{n} \sum_{i=1}^n \varphi(x_{n(k-1)+i}), \quad \varphi \in C_{Lip}(\mathbb{R}^d)$$

事实上，根据非线性大数定律，当 n 足够大时，$\{Y_n^k\}_{k=1}^m$ 按分布收敛于 i.i.d 的 $\{Y^k\}_{k=1}^m$，并且 Y^k 又都满足最大分布 $M([\underline{\mu}_{\varphi(X)}, \bar{\mu}_{\varphi(X)}])$，而这样，$\max\{Y^k : k = 1, \cdots, m\}$ 就给了关于

$$\underline{\mu}_{\varphi(X)} = \hat{\mathbb{E}}[-\varphi(X)], \quad \bar{\mu}_{\varphi(X)} = \hat{\mathbb{E}}[\varphi(X)]$$

的渐近无偏最优估计。

第三章

关于非线性期望及其应用的几个最新成果

第一节　次凹容度和次凸容度

容度以较弱的单调性代替可加性，是概率测度的推广。我们知道，容度通常是在凹的假设下被研究的。目前，已有很多关于凹容度的重要结果。在许多文献中，凹容度也被称为次模容度（Submodular Capacity）或2-交替容度（2-Alternating Capacity），一个凹容度的对偶是一个凸容度。

然而，值得注意的是：许多容度却不是凹的。对于除了凹容度之外的其他容度，我们确实知之甚少。值得庆幸的是，陈增敬教授和 Kulperger（2005）介绍了一类新容度——次凹容度。下面是他们给出的次凹容度的定义：

定义 3-1-1　给定一对对偶容度 ν 和 $\bar{\nu}$，如果对任意 A，B $\in \mathcal{F}$，有

$$\bar{\nu}(A \cup B) \leqslant \nu(A) + \nu(B) - \nu(A \cap B) \tag{3-1}$$

和

$$\nu(A \cup B) \geqslant \bar{\nu}(A) + \bar{\nu}(B) - \bar{\nu}(A \cap B) \tag{3-2}$$

则称 ν 和 $\bar{\nu}$ 是次凹的。

需要指出的是，上面定义中次凹容度的对象是容度 ν 及其对偶容度 $\bar{\nu}$，然而，次凹容度不应该是一对容度，而应该单指容度 ν 本身。Chen 和 Kulperger（2005）研究表明：上概率，由布朗运动的 Radon Nikodym 导数构成的概率测度集的上确界，其本身不是凹的，但其与其对偶是次凹的。

实际上，已有多个文献研究过上、下概率测度与其 Choquet 积分。特别地，Chen 和 Kulperger（2006）讨论了定价核为先验概率测度集的未定权益的 Choquet 价格。利用 Choquet 定价，未定权益的价格等价于关于由概率测度集产生的凹的（凸的）次可加容度的相应支付的 Choquet 积分。

具体地，假定股票价格过程 S_t 满足

$$dS_t = \mu_t S_t dt + \sigma_t S_t dW_t$$

其中，μ_t、σ_t 分别为 t 时刻股票的预期收益率和波动率，W_t 为布朗运动。如果市场是无套利的、完备的，则存在唯一的风险中性鞅测度 Q，

$$\frac{dQ}{dP} = \exp\left\{ -\frac{1}{2}\int_0^T \left(\frac{\mu_s - r}{\sigma_s}\right)^2 dt + \int_0^T \frac{\mu_s - r}{\sigma_s} dW_t \right\}$$

使得对任意未定权益 ξ，其在时刻 t 的价格可以表示为 $E_Q[\xi e^{-r(T-t)}]$，其中 E_Q 为关于概率测度 Q 的数学期望，r 为无风险利率，T 为到期时间。

但是，现实金融市场中的 Knight 不确定性是不容忽视的。由于市场的影响因素太复杂或者市场信息不充分，人们往往不能精确地给出 t 时刻股票的预期收益率 μ_t 和波动率 σ_t 的精确值。令 $g_t := \frac{\mu_t - r}{\sigma_t}$。陈增敬和 Kulperger（2005）在对称假设 $|g_t| \leqslant k$（k 称为不确定性水平）下，提出用一个有无数概率测度组成的集合来刻画 Knight 不确定性；此时，风险中性鞅测度不再是唯一的，而是下面的概率测度族：

$$\mathcal{P} = \left\{ Q: \frac{dQ}{dP} = e^{-\frac{1}{2}\int_0^T g_t^2 dt + \int_0^T g_t dW_t}, \ |g_t| \leqslant k \right\} \tag{3-3}$$

上概率测度为

$$V(A) = \sup_{Q \in \mathcal{P}} Q(A), \ A \in \mathcal{F} \tag{3-4}$$

下概率测度为

$$v(A) = \inf_{Q \in \mathcal{P}} Q(A), \ A \in \mathcal{F} \tag{3-5}$$

利用 Pardoux 和彭实戈（1990）提出的倒向随机微分方程（简记为BSDE）作为工具，Chen 和 Kulperger（2005）研究得出上面的 V 和 v 是次凹容度。

然而，张俊飞和李寿梅（2013）从集值随机微分包含的视角指出：g_t 不总是对称的。尽管不能给出 μ_t 和 σ_t 的精确值，但人们可以通过历史数据分别推断出预期收益率和波动率在某个范围内变动，于是可假设 $\mu_t \in [a, b]$ 和 $\sigma_t \in [c, d]$，其中 a<b，0<c<d。如果 a≥r，则 $\frac{a-r}{d} \leqslant g_t \leqslant \frac{b-r}{c}$；如果 a<r<b，则 $\frac{a-r}{c} \leqslant g_t \leqslant \frac{b-r}{c}$；如果 r≥b，则 $\frac{a-r}{c} \leqslant g_t \leqslant \frac{b-r}{d}$。不失一般性地，假设 $g_t \in [k_1, k_2]$。此时，风险中性鞅测度是下面的概率测度族：

$$\mathcal{P}^* = \left\{ Q^*: \frac{dQ^*}{dP} = e^{-\frac{1}{2}\int_0^T g_t^2 dt + \int_0^T g_t dW_t}, \ g_t \in [k_1, k_2] \right\} \tag{3-6}$$

本节中，首先修正 Chen 和 Kulperger（2005）中的定义 3，给出次凹和次凸容度的概念；进一步地，讨论次凹容度、次凸容度及其 Choquet 积分的性质；接着，将研究概率测度集式（3-6）的上、下概率，即 p^* 的上、下确界。本节内容的构思源于 Chen 和 Kulperger（2006）的启发，但考虑的是非对称情形。

一、基础知识

容度 ν 被称为凹的：如果对所有 A，$B \in \mathcal{F}$，有

$$\nu(A \cup B) + \nu(A \cap B) \leqslant \nu(A) + \nu(B) \qquad (3-7)$$

在有些文献中，凹容度还被称为次模（submodular）容度或 2-交替（2-alternating）容度。

如果式（3-7）是大于等于号，则称 ν 为凸的。类似地，凸容度也被称为超模（supermodularity）容度或 2-单调（2-monotonicity）容度。

容度 ν 被称为次可加的（超可加的），如果对所有 A，$B \in \mathcal{F}$，有

$$\nu(A \cup B) \leqslant (\geqslant) \nu(A) + \nu(B) \qquad (3-8)$$

Ω 上的随机变量 f 是一个（Borel）可测函数 f：$(\Omega, \mathcal{F}) \to (R, \mathcal{B}(R))$，其中 $\mathcal{B}(R)$ 是 R 的 Borelσ-域，记有界随机变量的集合为 L^∞。下面是关于容度的 Choquet 积分的定义：

假设 $f \in L^\infty$，可测函数 f 在 $A \in \mathcal{F}$ 上关于容度 ν 的 Choquet 积分定义为

$$(C)\int_A f d\nu = \int_0^{+\infty} \nu((f \geqslant t) \cap A) \, dt + \int_{-\infty}^0 [\nu((f \geqslant t) \cap A) - \nu(A)] \, dt$$

$$(3-9)$$

其中，右边的积分都是 Lebesgue 意义下的。

下面的引理是关于 Choquet 积分序列的单调收敛定理。

引理 3-1-1 令 $(\Omega, \mathcal{F})$ 上的容度 ν 是从下连续的。对于递增的非负可测函数序列 $\{f_n: n \in N\}$，其极限 $f = \lim\limits_{n \to \infty} f_n$ 也是可测的，并且

$$\lim_{n \to \infty}(C)\int f_n d\mu = (C)\int f d\mu$$

下面介绍倒向随机微分方程的有关知识。

给定 $0 \leqslant T < \infty$，令 $(\Omega, \mathcal{F}, P)$ 为完备概率空间，$W = \{W(t): 0 \leqslant t \leqslant T\}$ 是定义在 $(\Omega, \mathcal{F}, P)$ 上的 d-维布朗运动。进一步假设 $\mathcal{F}_t = \sigma(W(s): 0 \leqslant s \leqslant t)$，并且已经完备化。

为了简单，不妨假设 $\mathcal{F} = \mathcal{F}_T$，且我们仅考虑 d=1 的情形，这里列出的

结果可以很容易推广到 d>1 的情形。令

$L^2(\Omega, \mathcal{F}, P) = \{\xi: \xi$ 为 $\mathcal{F}$-可测的随机变量，且满足 $E_P[|\xi|^2] < \infty\}$，

$L^2(\Omega, \mathcal{F}, P) = \left\{f: f\ 是循序可测的随机过程，且满足 E_P\left[\int_0^T f_s^2 ds\right] < \infty\right\}$。

倒向随机微分方程（BSDE）的一般形式为

$$y_t = \xi + \int_t^T f(s, y_s, z_s)\,ds - \int_t^T z_s dW_s, \quad t \in [0, T] \qquad (3-10)$$

其中，终点值 ξ 是 $\mathcal{F}$-可测的随机变量。称 (f, ξ) 为式（3-10）的参数。

引理 3-1-2 假设式（3-10）的参数 (f, ξ) 满足 $\xi \in L^2(\Omega, \mathcal{F}, P)$，$f \in \mathcal{L}^2(\Omega, \mathcal{F}, P)$ 是一致 Lipschitz 连续的，即对任意 $t \in [0, T]$，存在正常数 C 满足

$|f(t, y_1, z_1) - f(t, y_2, z_2)| \leqslant C(|y_1 - y_2| + |z_1 - z_2|)$，$\forall (y_1, z_1), (y_2, z_2)$

则式（3-10）有唯一的解 (y_t, z_t)。

引理 3-1-3 （比较定理）假设 (f^i, ξ^i)，$i = 1, 2$ 是下式

$$y_t = \xi^i + \int_t^T f^i(s, y_s, z_s)\,ds - \int_t^T z_s dW_s, \quad t \in [0, T], \quad i = 1, 2$$

的参数，并且满足引理 3-1-2 的条件。如果 (y_t^1, z_t^1) 和 (y_t^2, z_t^2) 是上面倒向随机微分方程的解，对任意 $t \in [0, T]$，满足

（1）$\xi^1 \geqslant \xi^2$，a. e. ；

（2）$f^1(t, y_t^1, z_t^1) \geqslant f^2(t, y_t^2, z_t^2)$，a. e. 。

则有 $y_t^1 \geqslant y_t^2$，$\forall t \in [0, T]$。

二、主要结果

首先，给出次凹容度和次凸容度的定义。

定义 3-1-2 令 ν 是 $(\Omega, \mathcal{F})$ 上的容度，其对偶为 $\bar{\nu}$。如果对任意 A，$B \in \mathcal{F}$，有

$$\bar{\nu}(A \cup B) \leqslant \nu(A) + \nu(B) - \nu(A \cap B) \qquad (3-11)$$

则称 ν 为次凹的。如果式（3-11）是大于等于号，则称 ν 为次凸的。

注 3-1-1 我们知道，容度 ν 是凹的当且仅当其对偶 $\bar{\nu}$ 是凸的。但是，次凹容度的对偶容度不一定是次凸的，反之亦然。

例 3-1-1 假设 $\Omega = \{\omega_1, \omega_2, \omega_3\}$，并且 $\mathcal{F} = 2^\Omega$。令 $\nu(\emptyset) = 0$，

$\nu(\Omega) = 1$，$\nu(\{\omega_i\}) = \dfrac{1}{6}$，$\nu(\{\omega_i, \omega_j\}) = \dfrac{2}{3}$，i，j = 1，2，3。不难验证，$\bar{\nu}$ 是次凸的，然而，ν 不是次凹容度。

注 3-1-2 凹容度一定是次凹的。实际上，如果 ν 是凹的，在式（3-7）中令 $B = A^c$ 可得 $\nu(A) + \nu(A^c) \geqslant 1$，即 $\nu(A) \geqslant 1 - \nu(A^c) = \bar{\nu}(A)$，$\forall A \in \mathcal{F}$，再由式（3-5），对任意 A，$B \in \mathcal{F}$

$$\bar{\nu}(A \cup B) \leqslant \nu(A \cup B) \leqslant \nu(A) + \nu(B) - \nu(A \cap B)$$

即为式（3-11）。但是次凹容度不一定是凹的。

例 3-1-2 假设 $\Omega = \{\omega_1, \omega_2, \omega_3\}$，并且 $\mathcal{F} = 2^{\Omega}$。令 $\nu(\varnothing) = 0$，$\nu(\Omega) = 1$，$\nu(\{\omega_i\}) = \dfrac{1}{3}$ 和 $\nu(\{\omega_i, \omega_j\}) = \dfrac{5}{6}$，i，j = 1，2，3。容易验证，$\nu$ 是次凹的；但是，由于 $\nu(\{\omega_i\}) + \nu(\{\omega_j\}) = \dfrac{2}{3} \leqslant \dfrac{5}{6} = \nu(\{\omega_i, \omega_j\})$，$\nu$ 不是凹容度。

注 3-1-3 类似地，凸容度是次凸的，但次凸容度不一定是凸的。

下面是弱次可加（弱超可加）容度的性质。

定义 3-1-3 令 ν 是 $(\Omega, \mathcal{F})$ 上的容度，其对偶为 $\bar{\nu}$。如果对任意 A，$B \in \mathcal{F}$，有

$$\bar{\nu}(A \cup B) \leqslant \nu(A) + \nu(B) \qquad (3-12)$$

则称 ν 为弱次可加的。如果式（3-12）是大于等于号，则称 ν 为弱超可加的。

注 3-1-4 容易看出，次凹容度总是弱次可加的，次凸容度总是弱超可加的。

下面的命题给出了次凹容度的充分条件。

命题 3-1-1 对 $(\Omega, \mathcal{F})$ 上的容度 ν，如果 ν 是次可加的并且对任意 A，$B \in \mathcal{F}$，$A \cup B = \Omega$，我们有

$$\nu(A \cap B) \leqslant \nu(A) + \nu(B) - 1 \qquad (3-13)$$

则 ν 是次凹的。

证明：因为 $A \cup B \cup (A \cup B)^c = \Omega$，并且 $A \cap (B \cup (A \cup B)^c) = A \cap B$，有

$$\nu(A \cap B) = \nu(A \cap (B \cup (A \cup B)^c))$$

$$\leqslant \nu(A) + \nu(B \cup (A \cup B)^c) - 1$$

$$\leqslant \nu(A) + \nu(B) + \nu((A \cup B)^c) - 1$$

$$= \nu(A) + \nu(B) + 1 - \bar{\nu}(A \cup B) - 1$$

类似地，我们可得下面的次凸容度的充分条件。

命题 3-1-2　对 $(\Omega, \mathcal{F})$ 上的容度 ν，如果 ν 是超可加的并且对任意 A，$B \in \mathcal{F}$，$A \cup B = \Omega$，有

$$\nu(A \cap B) \geqslant \nu(A) + \nu(B) - 1$$

则称 ν 是次凸的。

下面的定理给出了次凹容度的等价条件。

定理 3-1-1　对 $(\Omega, \mathcal{F})$ 上的容度 ν 及其对偶 $\bar{\nu}$，下面各条件等价：

（i）ν 是次凹的；

（ii）对任意 A，B，$C \in \mathcal{F}$，$A \subseteq B$ 和 $B \cap C = \varnothing$，有

$$\bar{\nu}(A \cup B \cup C) \leqslant \nu(A \cup C) + \nu(B) - \nu(A) \tag{3-14}$$

（iii）对任意 A，B，$C \in \mathcal{F}$，A，B，C 互斥，有

$$\bar{\nu}(A \cup B \cup C) \leqslant \nu(B \cup C) + \nu(A \cup B) - \nu(B) \tag{3-15}$$

证明：（i）$\Rightarrow$（ii）因为 $A \subseteq B$ 和 $B \cap C = \varnothing$，我们有 $(A \cup C) \cup B = C \cup B$，$(A \cup C) \cap B = A$。在式（3-11）中用 $A \cup C$ 代换 A，则得式（3-14）。

（ii）$\Rightarrow$（iii）因为 A，B，C 互斥，则有 $A \subseteq A \cup B$，$(A \cup B) \cap C = \varnothing$。在式（3-14）中分别用 B 代换 A、用 $A \cup B$ 代换 B，则得式（3-15）。

（iii）$\Rightarrow$（i）易知：$A \cap B^c$，$A \cap B$ 和 $B \cap A^c$ 互斥。在式（3-15）中分别用 $A \cap B^c$ 代换 A、用 $A \cup B$ 代换 B、用 $B \cap A^c$ 代换 C，则得式（3-11）。

下面，讨论关于次凹容度、次凸容度的 Choquet 积分的一些性质。

现在，给出弱次可加定理（Weak Subadditive Theorem）并加以证明。

定理 3-1-2　对 $(\Omega, \mathcal{F})$ 上的连续容度 ν 及其对偶 $\bar{\nu}$，如果 ν 是次凹的但不是凹的，则对 f，$g \in L_C(\nu)$，$L_C(\bar{\nu})$，有

$$(C)\int(f + g)\,d\bar{\nu} \leqslant (C)\int f\,d\nu + (C)\int g\,d\nu \tag{3-16}$$

证明：注意到

$$2(f \wedge g) \leqslant f + g \leqslant 2(f \vee g)$$

和 f，$g \in L_C(\bar{\nu})$，我们知道 $f + g \in L_C(\bar{\nu})$。因为 ν 是次凹的但不是凹的，则有 $\nu > \bar{\nu}$；否则，如果 $\nu \leqslant \bar{\nu}$，由于式（3-11）对任意 A，$B \in \mathcal{F}$ 我们有

$$\nu(A \cup B) \leqslant \bar{\nu}(A \cup B) \leqslant \nu(A) + \nu(B) - \nu(A \cap B)$$

这意味着 ν 是凹的。再次利用式（3-11），有

$$\bar{\nu}(A \cup B) \leqslant \nu(A) + \nu(B) - \bar{\nu}(A \cap B)$$

即
$$\bar{\nu}(A \cup B) + \bar{\nu}(A \cap B) \leq \nu(A) + \nu(B) \qquad (3-17)$$
因为
$$1_{A \cup B} + 1_{A \cap B} = 1_A + 1_B$$

其中，1_A 是集合 A 的示性函数，并且 $1_{A \cup B}$ 和 $1_{A \cap B}$ 是共单调的，考虑到式（3-17）的左侧，我们有

$$\bar{\nu}(A \cup B) + \bar{\nu}(A \cap B) = (C)\int 1_{A \cup B} d\bar{\nu} + (C)\int 1_{A \cap B} d\bar{\nu}$$
$$= (C)\int (1_{A \cup B} + 1_{A \cap B}) \, d\bar{\nu}$$
$$= (C)\int (1_A + 1_B) \, d\bar{\nu}$$

对式（3-17）的右侧，有
$$\nu(A) + \nu(B) = (C)\int 1_A d\nu + (C)\int 1_B d\nu$$

进而又
$$(C)\int (1_A + 1_B) \, d\bar{\nu} \leq (C)\int 1_A d\nu + (C)\int 1_B d\nu \qquad (3-18)$$

此蕴含着：当 f，g 是简单函数时式（3-16）成立。

假设 f，g 不是简单函数。对 f 和 $n \in N$，我们定义 $f_n := u_n(f)$，其中
$$u_n(x) := \inf\left\{ \frac{k}{n} \mid k \in Z, \ \frac{k}{n} \geq x \right\}, \ n \in N$$

是定义在 R 上的递增的跳跃函数，跃度皆为 $\frac{1}{n}$，并且 $u_n(x) \geq x$。可知 $\{f_n, n \geq 1\}$ 为递增的 $\mathcal{F}$-可测简单函数序列并且收敛于 f，准确地，有
$$f \leq f_n \leq f + \frac{1}{n}$$

对 $\omega \in \Omega$ 存在某个 $k \in Z$ 满足 $f_n(\omega) = \frac{k}{n}$。则 f_n 的定义意味着 $f(\omega) > \frac{k-1}{n}$，即有 $f(\omega) > f_n(\omega) - \frac{1}{n}$。类似地定义 $g_n := u_n(g)$，令 $h = f + g$。因为
$$h_n(\omega) = \inf\left\{ \frac{i}{n} \mid \frac{i}{n} \geq f(\omega) + g(\omega) \right\}$$
$$\leq \inf\left\{ \frac{k}{n} \mid \frac{k}{n} \geq f(\omega) \right\} + \inf\left\{ \frac{j}{n} \mid \frac{j}{n} \geq g(\omega) \right\}$$

$$= f_n(\omega) + g_n(\omega)$$

可得 $0 \leq f_n + g_n - h_n = (f_n - f) + (g_n - g) - (h_n - h) < \dfrac{2}{n}$。随之可得

$$f_n + g_n - \frac{2}{n} \leq h_n \leq f_n + g_n$$

由 Choquet 积分的单调性和式（3-18），得

$$(C)\int h_n d\bar{\nu} \leq (C)\int (f_n + g_n) \, d\bar{\nu} \leq (C)\int f_n d\nu + (C)\int g_n d\nu$$

再由引理 1 当 n→∞ 取极限，即可得式（3-16）。

仿照定理 3-1-2，容易得到下面的弱超可加定理（Weak Superadditive Theorem）。

定理 3-1-3 对 $(\Omega, \mathcal{F})$ 上的连续容度 ν 及其对偶 $\bar{\nu}$，如果 ν 是次凸的但不是凸的，则对 f，$g \in L_C(\nu)$，$L_C(\bar{\nu})$ 有

$$(C)\int (f + g) \, d\bar{\nu} \geq (C)\int f d\nu + (C)\int g d\nu \tag{3-19}$$

由定理 3-1-2 和定理 3-1-3 容易得到下面的推论。

推论 3-1-1 假设 $f \in L_C(\nu)$，$L_C(\bar{\nu})$。对 $(\Omega, \mathcal{F})$ 上的连续容度 ν 及其对偶 $\bar{\nu}$，

（i）如果 ν 是次凹的但不是凹的，对 A，$B \in \mathcal{F}$，$A \cap B = \emptyset$，则

$$(C)\int_{A \cup B} f d\bar{\nu} \leq (C)\int_A f d\nu + (C)\int_B f d\nu \tag{3-20}$$

（ii）如果 $\bar{\nu}$ 是次凸的但不是凸的，对 A，$B \in \mathcal{F}$，$A \cap B = \emptyset$，则

$$(C)\int_{A \cup B} f d\bar{\nu} \geq (C)\int_A f d\nu + (C)\int_B f d\nu \tag{3-21}$$

证明： 仅证（i）。由定理 3-1-2，则

$$(C)\int_{A \cup B} f d\bar{\nu} = (C)\int f 1_{A \cup B} d\bar{\nu} = (C)\int (f 1_A + f 1_B) d\bar{\nu}$$

$$\leq (C)\int f 1_A d\nu + (C)\int f 1_B d\nu$$

$$= (C)\int_A f d\nu + (C)\int_B f d\nu$$

下面，来讨论式（3-6）中概率测度集 $\mathcal{P}^*$ 产生的上概率 V^* 和下概率 v^*，其中

$$V^*(A) = \sup_{Q \in \mathcal{P}^*} Q(A), \quad v^*(A) = \inf_{Q \in \mathcal{P}} Q(A), \quad A \in \mathcal{F} \tag{3-22}$$

很明显，V^* 和 v^* 互为对偶。不难得到 V^* 是次可加的 and v^* 是超可加的。

定理 3-1-4 V^* 是次凹的，v^* 是次凸的。

定理 3-1-4 的证明需要下面的两个引理。

引理 3-1-4 对 $A \in \mathcal{F}$，假设 (y_t^A, z_t^A) 是下列式

$$y_t^A = 1_A + \int_t^T (k_1 z_s^A 1_{|z_s^A < 0|} + k_2 z_s^A 1_{|z_s^A \geq 0|}) ds - \int_t^T z_s^A dW_s, \ 0 \leq t \leq T \tag{3-23}$$

的解，则有 V^*（A）$= y_0^A$。

证明： 根据引理 3-1-2，式（3-23）有唯一解 (y_t^A, z_t^A)。令 $a_s := k_1 1\{z_s < 0\} + k_2 1\{z_s \geq 0\}$，则 $k_1 \leq a_s \leq k_2$，$0 \leq s \leq T$。

定义 Q^a 为

$$\frac{dQ^a}{dP} = \exp\left\{ -\frac{1}{2} \int_0^T a_s^2 ds + \int_0^T a_s dW_s \right\}$$

则 $Q^a \in \mathcal{P}^*$。令 $\overline{W}_t = W_t - \int_0^t a_s ds$，由 Girsanov 定理可知 $\{\overline{W}_t\}$ 是 Q^a-布朗运动。所以，式（3-23）可以改写为

$$y_t^A = 1_A - \int_t^T z_s^A dW_s \tag{3-24}$$

在式（3-24）两边取期望，得

$$y_t^A = E_{Qa}[1_A \mid \mathcal{F}_t] \leq \text{ess} \sup_{Q \in \mathcal{P}^*} E_Q[1_A \mid \mathcal{F}_t]$$

令 $t = 0$，显然

$$\text{ess} \sup_{Q \in \mathcal{P}^*} E_Q[1_A \mid \mathcal{F}_0] = \sup_{Q \in \mathcal{P}^*} E_Q[1_A] = V^*（A）$$

则有 $y_0^A \leq V^*$（A）。

反之，令随机过程 $\{b_t\} \in \mathcal{L}^2(\Omega, \mathcal{F}, P)$ 满足 $k_1 \leq b_t \leq k_2$，$0 \leq t \leq T$。由引理 3-1-2，式（3-25）有唯一解 (y_t^b, z_t^b)。

$$y_t^b = 1_A + \int_t^T b_s z_s^b ds - \int_t^T z_s^b dW_s, \ 0 \leq t \leq T \tag{3-25}$$

定义 Q^b 为 $\dfrac{dQ^b}{dP} = \exp\left\{ -\frac{1}{2} \int_0^T b_s^2 ds + \int_0^T b_s dW_s \right\}$ 和 $\widetilde{W}_t = W_t - \int_0^t b_s ds$。类似地，可得

$$y_t^b = E_{Q^b}[1_A \mid \mathcal{F}_t]$$

注意到对任意 $(z, t) \in R \times [0, T]$，$b_t z \le k_1 z 1_{\{z<0\}} + k_2 z 1_{\{z \ge 0\}}$。对式 (3-23) 和式 (3-25) 利用引理 3-1-3（比较定理），有

$$\mathrm{ess} \sup_{Q \in \mathcal{P}^*} E_Q [1_A \mid \mathcal{F}_t] = y_t^b \le y_t^A$$

令 $t=0$，则 $V^* (A) \le y_0^A$。

综上，有 $V^* (A) = y_0^A$，证毕。

推论 3-1-2　对任意 $A \in \mathcal{F}$，假设 (Y_t^A, x_t^A) 是下式

$$Y_t^A = 1_A + \int_t^T (k_1 x_s^A 1_{\{x_s^A \ge 0\}} + k_2 x_s^A 1_{\{x_s^A < 0\}}) \, ds - \int_t^T x_s^A dW_s, \ 0 \le t \le T \tag{3-26}$$

的解，则 $v^* (A) = Y_0^A$。

引理 3-1-5　对 A，$B \in \mathcal{F}$，$A \cup B = \Omega$，有

$$V^* (A \cap B) \le V^* (A) + V^* (B) - 1 \tag{3-27}$$

和

$$v^* (A \cap B) \ge v^* (A) + v^* (B) - 1 \tag{3-28}$$

证明：考虑下式

$$y_t = \xi + \int_t^T (k_1 z_s 1_{\{z_s < 0\}} + k_2 z_s 1_{\{z_s \ge 0\}}) \, ds - \int_t^T z_s dW_s, \ 0 \le t \le T \tag{3-29}$$

记 (y_t^A, z_t^A)，(y_t^B, z_t^B) 和 (y_t^{AB}, z_t^{AB}) 分别是式 (3-29) 相应于 $\xi = 1_A$，$\xi = 1_B$ 和 $\xi = 1_{A \cap B}$ 的解。由引理 3-1-4，得 $V^*(A) = y_0^A$，$V^*(B) = y_0^B$，$V^*(A \cap B) = y_0^{AB}$。现在要证明

$$y_t^{AB} \le y_t^A + y_t^B - 1, \ t \in [0, T]$$

因为 $A \cup B = \Omega$，有

$$y_t^A + y_t^B - 1 = 1_A + 1_B - 1_{A \cup B} +$$

$$\int_t^T \big[(k_1 1_{\{z_s^A < 0\}} + k_2 1_{\{z_s^A \ge 0\}}) z_s^A +$$

$$(k_1 1_{\{z_s^B < 0\}} + k_2 1_{\{z_s^B \ge 0\}}) z_s^B \big] ds - \int_t^T (z_s^A + z_s^b) \, dW_s$$

令 $\bar{y}_t = y_t^A + y_t^B - 1$，$\bar{z}_t = z_t^A + z_t^B$，则 $(\bar{y}_t, \bar{z}_t)$ 是下式

$$\bar{y}_t = 1_{A \cap B} + \int_t^T H(\bar{z}_s) \, ds - \int_t^T \bar{z}_s dW_s \tag{3-30}$$

的解，其中 $H(\bar{z}_s) = (k_1 1_{\{z_s^A < 0\}} + k_2 1_{\{z_s^A \ge 0\}}) z_s^A + (k_1 1_{\{z_s^B < 0\}} + k_2 1_{\{z_s^B \ge 0\}}) (\bar{z}_s - z_s^A)$。另外，假设 (y_t^{AB}, z_t^{AB}) 是下式

$$y_t^{AB} = 1_{A \cap B} + \int_t^T (k_1 z_s^{AB} 1_{\{z_s^{AB} < 0\}} + k_2 z_s^{AB} 1_{\{z_s^{AB} \geq 0\}}) ds - \int_t^T z_s^{AB} dW_s \quad (3-31)$$

的解。当 $z_t^A \geq 0$ 且 $z_t^B \geq 0$，或者 $z_t^A < 0$ 且 $z_t^B < 0$，则有 $H(\bar{z}_t) - (k_1 \bar{z}_t I_{\{\bar{z}_t < 0\}} + k_2 \bar{z}_t I_{\{\bar{z}_t \geq 0\}}) = 0$。不妨假设 $z_t^A \geq 0$ 和 $z_t^B < 0$，注意到

$$\begin{aligned}
&H(\bar{z}_t) - (k_1 \bar{z}_t 1_{\{\bar{z}_t < 0\}} + k_2 \bar{z}_t 1_{\{\bar{z}_t \geq 0\}}) \\
&= k_2 z_t^A + k_1(\bar{z}_t - z_t^A) - (k_1 \bar{z}_t 1_{\{\bar{z}_t < 0\}} + k_2 \bar{z}_t 1_{\{\bar{z}_t \geq 0\}}) \\
&= (k_2 - k_1) z_t^A + (k_1 - k_2) I_{\{\bar{z}_t \geq 0\}} \bar{z}_t \\
&= (k_2 - k_1)(z_t^A - (z_t^A + z_t^B) 1_{\{z_t^A + z_t^B \geq 0\}}) \\
&\geq 0
\end{aligned}$$

即对 $(\omega, t) \in \Omega \times [0, T]$ 我们有

$$H(\bar{z}_t(\omega)) \geq k_1 \bar{z}_t(\omega) 1_{\{\bar{z}_t < 0\}} + k_2 \bar{z}_t(\omega) 1_{\{\bar{z}_t \geq 0\}}, \quad \text{a. e.}$$

对式（3-30）和式（3-31）利用引理 3-1-3（比较定理），可得

$$y_t^{AB} \leq \bar{y}_t = y_t^A + y_t^B - 1, \quad t \in [0, T]$$

当 $t = 0$ 时，有

$$y_0^{AB} \leq y_0^A + y_0^B - 1, \quad t \in [0, T]$$

利用引理 3-1-4，可得式（3-27）。

因为 v^* 是 V^* 的对偶，易知式（3-28）。

定理 3-1-4 的证明： V^* 是次可加的并且满足式（3-27），所以由命题可得 V^* 是次凹的，v^* 是超可加的并且满足式（3-28），所以由命题 3-1-2 可得 v^* 是次凸的。

最后，列举几个次凹容度、次凸容度的例子。

引理 3-1-6 对任意 $a, b \in \mathbf{R}$，假设 $A = \{W_T \geq a\}$ 和 $B = \{W_T \leq b\}$。如果 (y_t^A, z_t^A) 和 (y_t^B, z_t^B) 分别是式（3-29）相应于 $\xi = 1_A$ 和 $\xi = 1_B$ 的解，则 $z_t^A > 0$，$z_t^B < 0$，a. e. $0 \leq t < T$。

注 3-1-5 引理 3-1-6 的证明可类似文献 Chen 等（2005）中的方法得到。如果 $a < b$，则 $A \cup B = \Omega$，由引理 3-1-5 可得

$$V^*(A \cap B) < V^*(A) + V^*(B) - 1 \quad (3-32)$$

和

$$v^*(A \cap B) > v^*(A) + v^*(B) - 1 \quad (3-33)$$

例 3-1-3 对任意 $a, b \in \mathbf{R}$，假设 $A = \{W_T \geq a\}$ 和 $B = \{W_T \leq b\}$。由引

理 3-1-4 可知 $V^*(A) = y_t^A | t = 0$，由引理 3-1-6 可知 $z_t^A > 0 a. e. t \in [0, T]$，其中 (y_t^A, z_t^A) 式（3-23）的解。此情形下，式（3-23）可写为

$$y_t^A = 1_A + \int_t^T k_2 z_s^A ds - \int_t^T z_s^A dW_s$$

进而

$$y_t^A = 1_A - \int_t^T z_s^A d\overline{W}_s \qquad (3-34)$$

其中，$\overline{W}_t = W_t - k_2 t$。所以 $\{\overline{W}_t\}$ 是概率测度 Q 下的布朗运动，其中 $\dfrac{dQ}{dP} = e^{-\frac{1}{2}k_2^2 T + k_2 W_T}$。对布朗运动 $\overline{W}_t$，可知 Q 下的分布：

$$Q\ (\overline{W}_T \leqslant x)\ = \Phi\left(\frac{x}{\sqrt{T}}\right)$$

其中，Φ 是标准正态分布函数。于是，有

$$V^*(A) = y_0^A = E_Q(1_A) = Q(W_T \geqslant a)$$
$$= Q(W_T - k_2 T \geqslant a - k_2 T)$$
$$= 1 - \Phi\left(\frac{a - k_2 T}{\sqrt{T}}\right)$$

类似地，可得 $V^*(B) = V^*(W_T \leqslant b) = \Phi\left(\dfrac{b - k_1 T}{\sqrt{T}}\right)$。

例 3-1-4　对任意 a，$b \in \mathbf{R}$，a<b，由注 3-1-5 可得

$$V^*(a < W_T \leqslant b) < V^*(W_T \geqslant a) + V^*(W_T \leqslant b) - 1$$

$$= \Phi\left(\frac{b - k_1 T}{\sqrt{T}}\right) - \Phi\left(\frac{a - k_2 T}{\sqrt{T}}\right)$$

例 3-1-5　对任意 a，$b \in \mathbf{R}$，a<b，有

$$v^*(W_T \geqslant a) = 1 - V^*(W_T < a) = 1 - \Phi\left(\frac{a - k_1 T}{\sqrt{T}}\right)$$

和

$$v^*(W_T \leqslant b) = 1 - V^*(W_T > b) = \Phi\left(\frac{b - k_2 T}{\sqrt{T}}\right)$$

和

$$v^*(a < W_T \leqslant b) \geqslant v^*(W_T \geqslant a) + v^*(W_T \leqslant b) - 1$$

$$=\Phi\left(\frac{b-k_2 T}{\sqrt{T}}\right)-\Phi\left(\frac{a-k_1 T}{\sqrt{T}}\right)$$

三、小结和进一步研究的方向

本小结讨论了一类新容度——次凹容度和次凸容度。

首先，给出了次凹容度和次凸容度的定义和性质。

其次，表明次凹容度的 Choquet 积分具有弱次可加性、次凸容度的 Choquet 积分具有弱超可加性。

再次，证明 V^* 是次凹的、v^* 是次凸的，其中 V^* 和 v^* 分别是式（3-6）中概率测度集合 $\mathcal{P}^*$ 的上、下概率。

最后，给出了几个 V^* 和 v^* 的例子。

这些结果不仅是容度和 Choquet 积分理论的推广，也可用于描述期权定价问题。

因为已经熟知次凹容度和次凸容度的性质，考虑次凹容度和次凸容度在各领域的应用是进一步研究的方向。例如，我们可以讨论利用式（3-6）中概率测度集合 $\mathcal{P}^*$ 产生的 V^* 和 v^* 的 Choquet 积分来对欧式期权进行定价，接着将 Choquet 定价与 Zhang 和 Li（2013）文献中的最大、最小定价作比较研究。

第二节　对数凸函数的 Choquet 积分

随着非可加测度和 Choquet 积分理论的发展，如同黎曼积分和勒贝格积分一样，关于 Choquet 积分的积分不等式吸引了许多学者的关注（Mesiar 等，2010；Wang，2011）。

另外，取对数后为凸的函数被称为对数凸函数，其本身也是凸的。对数凸函数在凸规划、概率统计、生物工程、经济金融等领域，都有很重要的应用（Bagnoli & Bergstrom，2005）。

因而，尝试研究关于对数凸函数的 Choquet 积分及其积分不等式，将是一项非常有意义的工作。

一、已有知识

下面的引理选自 Sugeno（2013）的文献。

引理 3-2-1　令 $f \in L_+^\infty$，$\mu = \mu_m$ 是扭曲勒贝格测度。假设 m(x) 和 f(x) 都是连续可微的。如果 f 是单调递增的，则 f 在 [0, t] 上关于 μ_m 的 Choquet 积分可以表示为

$$(C)\int_{[0,\ t]} f d\mu_m = \int_0^t m'(t - x) f(x) dx \qquad (3-35)$$

同样，如果 f 是单调递减的，则

$$(C)\int_{[0,\ t]} f d\mu_m = \int_0^t m'(x) f(x) dx \qquad (3-36)$$

下面的引理是关于 Choquet 积分的詹森不等式，来自 Mesiar 等（2010）和 Wang（2013）的文献。

引理 3-2-2　假设 $f \in L_C^+(\mu)$。如果 Φ：$R^+ \rightarrow R^+$ 是凸函数，则

$$\Phi\left((C)\int f d\mu\right) \leqslant (C)\int \Phi \circ f d\mu \qquad (3-37)$$

下面我们将罗列出对数凸函数的基本概念以及 Hadamard 不等式，这部分内容主要来自 Zhang X. M. 和 Jiang W. D.（2012）的文献。

定义 3-2-1　令 f：[a, b] $\subseteq R \rightarrow R^+$。如果对任意 x，y $\in$ [a, b]，$\lambda \in$ [0, 1]，有

$$f(\lambda x + (1 - \lambda) y) \leqslant (\geqslant) f(x)^\lambda f(y)^{1-\lambda} \qquad (3-38)$$

则称 f 为对数凸（对数凹）函数。

记两个正数 x，y 的对数均值 L(x, y) 为

$$L(x,\ y) = \begin{cases} \dfrac{x-y}{\ln x - \ln y}, & x \neq y \\[2mm] x, & x = y \end{cases}$$

下面的 Hadamard 不等式给出了可测的对数凸（对数凹）函数 f：[a, b] $\rightarrow R^+$ 的均值的上界（下界）（Gill P. M. et al.，1997）。

$$\frac{1}{b - a}\int_a^b f(x) dx \leqslant (\geqslant) L(f(a),\ f(b)) \qquad (3-39)$$

二、主要结果

定理 3-2-1 说明：对数凸函数 Choquet 积分的 Hadamard 不等式不再成立。但是，对于单调的对数凸函数，其关于扭曲勒贝格测度的 Choquet 积分有类似的 Hadamard 不等式。

本书中，总是令 m(x) 和 f(x) 是连续可微的。

定理 3-2-1 （1）令 $f \in L_C^+(\mu)$ 是单调递减的对数凸（对数凹）函数，$\mu = \mu_m$ 是扭曲勒贝格测度。对 $[a, b] \subset R^+$，则存在 $\xi \in (0, b-a)$ 满足

$$\frac{1}{b-a}(C)\int_{[a, b]} f(x)\, d\mu_m \leq (\geq) m'(\xi) L(f(a), f(b)) \qquad (3-40)$$

（2）令 $f \in L_C^+(\mu)$ 是单调递增的对数凸（对数凹）函数，$\mu = \mu_m$ 是扭曲勒贝格测度。对 $[a, b] \subset R^+$，则存在 $\theta \in (0, b-a)$ 满足

$$\frac{1}{b-a}(C)\int_{[a, b]} f(x)\, d\mu_m \leq (\geq) m'(b - a - \theta) L(f(a), f(b))$$

$$(3-41)$$

证明 （1）我们有

$$(C)\int_{[a,b]} f(x)\, d\mu_m = (C)\int_{[0,b-a]} f(a + x)\, d\mu_m$$

一方面，由 Hadamard 不等式有

$$\int_0^{b-a} f(a + x)\, dx \leq (\geq) (b - a) L(f(a), f(b))$$

另一方面，由引理 3-2-1 有

$$(C)\int_{[0,b-a]} f(a + x)\, d\mu_m = \int_0^{b-a} m'(x) f(a + x)\, dx$$

因为 f(a+x)>0，$x \in [0, b-a]$，则由定积分均值定理，可知存在 $\xi \in (0, b-a)$ 使得

$$\int_0^{b-a} m'(x) f(a + x)\, dx = m'(\xi) \int_0^{b-a} f(a + x)\, dx$$

所以，有

$$\frac{1}{b-a}(C)\int_{[a,b]} f(x)\, d\mu_m = \frac{1}{b-a} m'(\xi) \int_0^{b-a} f(a + x)\, dx$$

$$\leq (\geq) m'(\xi) L(f(a), f(b))$$

（2）仿照（1）的证明，不难得到结果。简略证明如下：因为 f(a+x) 在 [0，b-a] 上是增的，则由引理 3-2-1 得

$$(C)\int_{[0,b-a]} f(a+x)\,d\mu_m = \int_0^{b-a} m'(b-a-x)f(a+x)\,dx$$

因为 f(a+x)>0，x∈[0，b-a]，则由定积分均值定理，可知存在 θ∈(0，b-a) 使得

$$\int_0^{b-a} m'[b-a-(a+x)]f(a+x)\,dx = m'(b-a-\theta)\int_0^{b-a} f(a+x)\,dx$$

所以，有

$$\frac{1}{b-a}(C)\int_{[a,b]} f(x)\,d\mu_m = \frac{1}{b-a}m'(b-a-\theta)\int_0^1 f(a+x)\,dx$$
$$\leqslant (\geqslant) m'(b-a-\theta)L(f(a),f(b))$$

例 3-2-1　考虑定义在 R^+ 上的函数 $f(x)=x2^{x^2-2}$，其是单调递增的对数凸函数。显然 $f(1)=1/2, f(2)=8$。令 $m(x)=x^2$。根据定理 3-2-1（2），存在 θ∈(0,1) 使得

$$(C)\int_{[1,2]} f(x)\,d\mu_m \leqslant 2(1-\theta)L(f(1),f(2)) \approx 5.4100(1-\theta)$$

其中，L(f(1)，f(2))≈2.7050

实际上，有

$$(C)\int_{[1,2]} f(x)\,d\mu_m$$

$$=(C)\int_{[0,1]} f(1+x)\,d\mu_m = \int_0^1 m'(1-x)f(1+x)\,dx$$

$$=\int_0^1 2(1-x)f(1+x)\,dx = 2(1-\theta)\int_0^1 f(1+x)\,dx$$

其中，θ∈[0，1]。因为

$$\int_0^1 2(1-x)f(1+x)\,dx = \int_0^1 2(1-x)(1+x)2^{(1+x)^2-2}\,dt \approx 1.4615$$

和

$$\int_0^1 f(1+x)\,dx = \int_0^1 (1+x)2^{(1+x)^2-2}\,dt \approx 2.5247$$

我们有 θ≈0.7106。

注意到，定理 3-2-1 只对单调的对数凸函数成立。那么，当对数凸函数不单调时，如何寻找其 Chqouet 积分的上界呢？

定理 3-2-2　令 $f\in L_C^+(\mu)$ 是对数凸（对数凹）函数，$\mu=\mu_m$ 是扭曲勒

贝格测度。对 $[a, b] \subset R^+$，$f(a) \neq f(b)$。如果 $f(a) < f(b)$，则有

$$(C) \int_{[a, b]} f(x) d\mu_m \leqslant (\geqslant) \int_0^{b-a} m'(b-a-x) f(a)^{\frac{b-a-x}{b-a}} f(b)^{\frac{x}{b-a}} dx$$

$$(3-42)$$

如果 $f(a) > f(b)$，则有

$$(C) \int_{[a, b]} f(x) d\mu_m \leqslant (\geqslant) \int_0^{b-a} m'(x) f(a)^{\frac{b-a-x}{b-a}} f(b)^{\frac{x}{b-a}} dx \quad (3-43)$$

证明　我们有

$$(C) \int_{[a,b]} f(x) d\mu_m = (C) \int_{[0,b-a]} f(a+x) d\mu_m$$

由于 f 是对数凸的，所以对 $t = \frac{x}{b-a} \in [0, 1]$，有

$$f(a+x) = f((1-t)a+tb) \leqslant (\geqslant) f(a)^{1-t} f(b)^t$$

如果 $f(a) < f(b)$，则 $f(a)^{1-t} f(b)^t$ 是递增的。由 Choquet 积分的单调性和引理 3-2-1，有

$$(C) \int_{[a,b]} f(x) d\mu_m = (C) \int_{[0,b-a]} f(a+x) d\mu_m$$

$$\leqslant (\geqslant) (C) \int_{[0,b-a]} f(a)^{1-t} f(b)^t d\mu_m$$

$$= \int_0^{b-a} m'(b-a-x) f(a)^{1-t} f(b)^t dx$$

其中，$t = \frac{x}{b-a}$。

相反地，如果 $f(a) > f(b)$，则 $f(a)^{1-t} f(b)^t$ 是单调递减的。类似地，有

$$(C) \int_{[a,b]} f(x) d\mu_m \leqslant (\geqslant) (C) \int_{[0,b-a]} f(a)^{1-t} f(b)^t d\mu_m$$

$$= \int_0^{b-a} m'(x) f(a)^{1-t} f(b)^t dx$$

其中，$t = \frac{x}{b-a}$。

注 3-2-1　在定理 3-2-2 中，如果 $f(a) = f(b)$，则

$$(C) \int_{[a,b]} f(x) d\mu_m \leqslant (C) \int_{[a,b]} f(a) d\mu_m = (C) \int_{[a,b]} f(a) \cdot 1_{[a,b]} d\mu_m$$

$$= f(a) \cdot \mu_m([a,b]) = f(a) \cdot m(\lambda)[a,b]$$

$$= f(a) \cdot m(b-a)$$

注 3-2-2　定理 3-2-2 不要求对数凸函数是单调的；当然，对单调函数同样成立。

例 3-2-2　考虑例 3-2-1 中的函数 $f(x) = x2^{x^2-2}$，$x \in R^+$，扭曲勒贝格测度 $\mu = \mu_m$，其中 $m(x) = x^2$。根据定理 3-2-2，可得

$$(C)\int_{[1,2]} x2^{x^2-2} d\mu_m$$

$$\leqslant (C)\int_{[0,1]} f(1)^{1-x}f(2)^x d\mu_m$$

$$= (C)\int_{[0,1]} 2^{4x-1} d\mu_m = \int_0^1 2(1-x)2^{4x-1}dx \approx 1.5906$$

下面，在一般的非可加测度下讨论对数凸函数的 Chqouet 积分的上界。

定理 3-2-3　令 $f \in L_C^+(\mu)$ 是对数凸（对数凹）函数，μ 是非可加测度。对 $[a,b] \subset R^+$，如果 $f(a) \neq f(b)$，则有

$$(C)\int_{[a,b]} f(x) d\mu \leqslant (\geqslant) \int_0^{+\infty} \mu([a,b] \cap \{x: f(a)^{1-x}f(b)^x \geqslant r\}) dr$$

$$(3-44)$$

进一步地，如果 $f(a) < f(b)$，则

$$(C)\int_{[a,b]} f(x) d\mu \leqslant (\geqslant) \mu([a,b])f(a) +$$

$$\frac{1}{L(f(a),f(b))}\int_a^b \mu([x,b])f(a)^{1-t}f(b)^t dx$$

如果 $f(a) > f(b)$，则

$$(C)\int_{[a,b]} f(x) d\mu \leqslant (\geqslant) \mu([a,b])f(b) -$$

$$\frac{1}{L(f(a),f(b))}\int_a^b \mu([a,x])f(a)^{1-t}f(b)^t dx$$

其中，$t = \dfrac{x-a}{b-a}$。

证明　由 f 的对数凸性，对 $x \in [a,b]$，有

$$f(x) = f\left(\left(1 - \frac{x-a}{b-a}\right) \cdot a + \frac{x-a}{b-a} \cdot b\right) \leqslant f(a)^{1-t}f(b)^t = G(x)$$

其中，$t = \dfrac{x-a}{b-a}$，则 $G(a) = f(a)$，$G(b) = f(b)$ 并且 $G'(x) = \dfrac{f(a)^{1-t}f(b)^t}{L(f(a),f(b))}$。于是

$$(C)\int_{[a,b]} f(x)\,d\mu \leqslant (C)\int_{[a,b]} G(x)\,d\mu$$

$$= \int_0^{+\infty} \mu([a,b] \cap \{x:G(x) \geqslant r\})\,dr$$

如果 $f(a) < f(b)$，则

$$\int_0^{+\infty} \mu([a,b] \cap \{x:G(x) \geqslant r\})\,dr$$

$$= \int_0^{+\infty} \mu([a,b] \cap \{x:x \geqslant G^{-1}(r)\})\,dr$$

$$= \int_0^{f(a)} \mu([a,b])\,dr + \int_{f(a)}^{f(b)} \mu([G^{-1}(r),b])\,dr$$

$$= \mu([a,b])\,f(a) + \int_a^b \mu([x,b])\,G'(x)\,dx$$

相反地，如果 $f(a) > f(b)$，则

$$\int_0^{+\infty} \mu([a,b] \cap \{x:G(x) \geqslant r\})\,dr$$

$$= \int_0^{+\infty} \mu([a,b] \cap \{x:x \geqslant G^{-1}(r)\})\,dr$$

$$= \int_0^{f(b)} \mu([a,b])\,dr + \int_{f(b)}^{f(a)} \mu([a,G^{-1}(r)])\,dr$$

$$= \mu([a,b])\,f(b) - \int_a^b \mu([a,x])\,G'(x)\,dx$$

例 3-2-3 考虑例 3-2-1 和例 3-2-2 中的函数 $f(x) = x2^{x^2-2}$，$x \in R^+$，扭曲勒贝格测度 $\mu = \mu_m$，其中 $m(x) = x^2$。根据定理 3-2-3，可得

$$(C)\int_{[1,\,2]} x2^{x^2-2}d\mu_m$$

$$\leqslant (C)\int_{[1,\,2]} 2^{4x-5}d\mu_m = \int_0^{+\infty} \mu_m([1,\,2] \cap \{x:\,2^{4x-5} \geqslant r\})\,dr$$

$$= \int_0^{+\infty} \mu_m\left([1,\,2] \cap \left\{x:\,x \geqslant \frac{1}{4}(\log_2^r + 5)\right\}\right)dr$$

$$= \int_0^{1/2} \mu_m([1,\,2])\,dr + \int_{1/2}^8 \mu_m\left(\left[\frac{1}{4}(\log_2^r + 5),\,2\right]\right)dr$$

$$= \frac{1}{2} + \int_{1/2}^8 \left(2 - \frac{1}{4}(\log_2^r + 5)\right)^2 dr$$

$$= \frac{1}{2} + \frac{1}{16}\int_{1/2}^8 (3 - \log_2^r)^2 dr \approx 1.5906$$

下面，讨论对数凸函数的 Chqouet 积分的詹森不等式。我们知道：如果 f：$R^+ \to R^+$ 是对数凸函数，则 f 是凸函数。再由引理 3-2-2，易得下面的定理。

定理 3-2-4　（詹森不等式）假设 $g \in L_C^+(\mu)$，非可加测度 μ 是凹的（凸的）。如果 f：$R^+ \to R^+$ 是对数凸（对数凹）函数，则有

$$f\left((C)\int g d\mu\right) \leqslant (\geqslant) (C)\int f \circ g d\mu \qquad (3-45)$$

证明　设 $y_0 = (C)\int g d\mu$，f 是对数凸的，则 f 是凸的。则存在一条通过 y_0 的直线，也就是说，存在 a 和 b，对任意 $y \in R$ 满足

$$ay_0 + b = f(y_0) \text{ and } ay + b \leqslant f(y)$$

因此，对所有 $x \in X$ 有

$$a \cdot g(x) + b \leqslant f \circ g(x)$$

当 $a > 0$ 时，由 Choquet 积分的转移不变性，有 $(C)\int a \cdot g d\mu = a \cdot (C)\int g d\mu$；当 $a < 0$ 时，因为 μ 是凹的，则 $\mu \geqslant \bar{\mu}$，于是有

$$(C)\int a \cdot g d\mu = -(C)\int(-a) \cdot g d\bar{\mu} \geqslant -(C)\int(-a) \cdot g d\mu = a \cdot (C)\int g d\mu$$

于是

$$f\left((C)\int g d\mu\right) = a \cdot (C)\int g d\mu + b \leqslant (C)\int(a \cdot g + b) d\mu \leqslant (C)\int f \circ g d\mu$$

得证。

注 3-2-3　当非可加测度 μ 凹时，我们可以利用上面的詹森不等式去探寻对数凸函数的 Choquet 积分的下界。下面列举一个简例。

例 3-2-4　考虑函数 $L(x) = 2^{(x+1)^2}$，$x \in R^+$。$L(x) = g \circ f$ 是 $g(u)$ 和 $f(x)$ 的复合函数，其中 $g(u) = 2^{u^2}$，$u = f(x) = x + 1$，显然 $g(u)$ 是对数凸函数。

令扭曲勒贝格测度 $\mu = \mu_m$，其中 $m(x) = \sqrt{x}$。m 是凹函数，所以 μ_m 是凹的。由定理 3-2-4，得

$$(C)\int_{[0,1]} 2^{(x+1)^2} d\mu_m \geqslant 2^{\left[(C)\int_{[0,1]}(x+1)d\mu_m\right]^2}$$

$$= 2^{\left[(C)\int_0^1 \frac{x+1}{\sqrt{1-x}}dx\right]^2} = 2^{1.6666^2} \approx 6.8571$$

三、小结

本小节研究了对数凸函数的 Choquet 积分的上界和下界。

首先，针对单调对数凸函数，研究了其 Choquet 积分的 Hadamard 不等式。

其次，分别在扭曲勒贝格测度和非可加测度下，研究了对数凸函数的 Choquet 积分的上界。

最后，在非可加测度是凹的情形下，给出了对数凸函数的 Choquet 积分的詹森不等式，并举例说明其可用来估计 Choquet 积分的下界。

第三节　基于 r-凸函数的 Choquet 积分不等式

我们知道，对数凸函数是 r-凸函数的特例。r-凸函数最初由 M. Avriel 于 1972 年提出，特别地，1-凸函数是凸函数，而 0-凸函数为对数凸函数。r-凸函数作为凸分析的基本工具，在凸分析中占有重要的地位（Klinger & Mangasarian，1968；Galewska & Galewski，2005），而且在证明比较复杂的不等式方面也有着重大的作用。

因而，研究关于 r-凸函数的 Choquet 积分及其积分不等式，将是非常有意义的尝试。

一、已有知识

下面的引理是关于 Choquet 积分的詹森不等式。

引理 3-3-1　（Mesiar，Li & Rap，2010；Wang，2011）假设 $f \in L_C^+$（μ），如果 $\Phi: R^+ \to R^+$ 是凸函数，则

$$\Phi\left((C)\int f d\mu\right) \leq (C)\int \Phi \circ f d\mu \tag{3-46}$$

下面我们将罗列出 r-凸函数的基本概念以及 Hadamard 不等式，这部分内容主要来自以下文献（Avriel，1973；Gill et al.，1997；Zabandan et al.，

2012；Abbaszadeh & Eshaghi，2016）。

对 x，y>0，定义 r 阶幂均值 M_r（x，y；λ）为

$$M_r(x, y; \lambda) = \begin{cases} (\lambda x^r + (1-\lambda) y^r)^{1/r}, & r \neq 0 \\ x^\lambda y^{1-\lambda}, & r = 0 \end{cases}$$

特别地，当 λ=1/2 时，将其简记为 $M_r(x, y)$。

定义 3-3-1 令 f：[a，b]⊆R→R$^+$。如果对所有的 x，y∈[a，b] 和 λ∈[0，1]，有

$$f(\lambda x + (1-\lambda) y) \leqslant M_r(f(x), f(y); \lambda) \tag{3-47}$$

成立，则称 f 为 r-凸函数。如果上面的不等式是反向的，则称 f 为 r-凹函数。

定义正数 x，y 的 r 阶对数均值为

$$L_r(x, y) = \begin{cases} \dfrac{r}{r+1} \cdot \dfrac{x^{r+1} - y^{r+1}}{x^r - y^r}; & r \neq 0, -1, x \neq y \\[2ex] \dfrac{x-y}{\ln x - \ln y}, & r = 0, x \neq y \\[2ex] xy \cdot \dfrac{\ln x - \ln y}{x-y}, & r = -1, x \neq y \\[2ex] x, & x = y \end{cases}$$

下面的引理是关于 r-凸函数的 Hadamard 积分不等式［引自 Gill 等（1997）的定理 3-1］，给出了 r-凸函数（r-凹函数）的积分均值的上界（下界）。

引理 3-3-2 假设 f：[a，b]⊆R→R$^+$ 为 r-凸（r-凹函数）函数，则有

$$\frac{1}{b-a} \int_a^b f(x) \, dx \leqslant (\geqslant) L_r(f(a), f(b)) \tag{3-48}$$

二、主要结果

首先研究 r-凸函数的 Choquet 积分 Hadamard 不等式是否成立？如果不成立，那么如何来估计 r-凸函数（r-凹函数）的 Choquet 积分的上界（下界）？

下面的定理 3-3-1 表明：r-凸函数的 Choquet 积分 Hadamard 不等式不

再成立；但是，对于单调的 r-凸函数，其关于扭曲勒贝格测度的 Choquet 积分有类似 Hadamard 型不等式。

定理 3-3-1 （1） 令 $f \in L_C^+(\mu)$ 是连续可微的、单调递减的 r-凸（r-凹）函数，$\mu = \mu_m$ 是扭曲勒贝格测度，其中 m(x) 是连续可微的。对 $[a, b] \subset \mathbf{R}^+$，则存在 $\xi \in (0, b-a)$ 满足

$$\frac{1}{b-a}(C)\int_{[a, b]} f(x)\,d\mu_m \leqslant (\geqslant) m'(\xi)\,L_r(f(a), f(b)) \quad (3-49)$$

（2） 令 $f \in L_C^+(\mu)$ 是连续可微的、单调递增的 r-凸（r-凹）函数，$\mu = \mu_m$ 是扭曲勒贝格测度，其中 m(x) 是连续可微的。对 $[a, b] \subset \mathbf{R}^+$，则存在 $\theta \in (0, b-a)$ 满足

$$\frac{1}{b-a}(C)\int_{[a, b]} f(x)\,d\mu_m \leqslant (\geqslant) m'(b-a-\theta)\,L_r(f(a), f(b))$$

$$(3-50)$$

证明 （1） 我们有

$$(C')\int_{[a,b]} f(x)\,d\mu_m = (C)\int_{[0,b-a]} f(a+x)\,d\mu_m$$

一方面，由 Hadamard 不等式有

$$\int_0^{b-a} f(a+x)\,dx \leqslant (\geqslant) (b-a)\,L_r(f(a), f(b))$$

另一方面，由引理 3-2-2 有

$$(C)\int_{[0,b-a]} f(a+x)\,d\mu_m = \int_0^{b-a} m'(x)\,f(a+x)\,dx$$

因为 f(a+x) > 0，$x \in [0, b-a]$，则由定积分均值定理，可知存在 $\xi \in (0, b-a)$ 使得

$$\int_0^{b-a} m'(x)\,f(a+x)\,dx = m'(\xi)\int_0^{b-a} f(a+x)\,dx$$

所以，有

$$\frac{1}{b-a}(C)\int_{[a,b]} f(x)\,d\mu_m = \frac{1}{b-a}m'(\xi)\int_0^{b-a} f(a+x)\,dx$$

$$\leqslant (\geqslant) m'(\xi)\,L_r(f(a), f(b))$$

（2） 仿照（1）的证明步骤，即可得证。简略证明如下：因为 f(a+x) 在 [0, b-a] 上是增的，则由引理 3-2-2 得

$$(C)\int_{[0,b-a]} f(a+x)\,d\mu_m = \int_0^{b-a} m'(b-a-x)\,f(a+x)\,dx$$

因为 $f(a+x) > 0$，$x \in [0, b-a]$，则由定积分均值定理，可知存在 $\theta \in (0, b-a)$ 使得

$$\int_0^{b-a} m'[b - a - (a + x)] f(a + x) \, dx = m'(b - a - \theta) \int_0^{b-a} f(a + x) \, dx$$

所以，有

$$\frac{1}{b - a} (C) \int_{[a,b]} f(x) \, d\mu_m = \frac{1}{b - a} m'(b - a - \theta) \int_0^1 f(a + x) \, dx$$

$$\leq (\geq) m'(b - a - \theta) L_r(f(a), f(b))$$

例 3-3-1　考虑函数 $f(x) = e^{x^2-1}$，$x \in \mathbf{R}^+$，其是单调递增的 $\frac{1}{2}$-凸函数。显然 $f(0) = 1/e$，$f(1) = 1$，并且有 $L_{\frac{1}{2}}(f(0), f(1)) \approx 0.6581$。考虑扭曲勒贝格测度 $\mu = \mu_m$，其中 $m(x) = x^2$。根据定理 3-3-1（2），存在 $\theta \in (0, 1)$ 使得

$$(C) \int_{[0,1]} f(x) \, d\mu_m \leq 2(1 - \theta) L_{\frac{1}{2}}(f(0), f(1)) \approx 1.3163(1 - \theta)$$

实际上，

$$(C) \int_{[0,1]} f(x) \, d\mu_m = \int_0^1 m'(1 - x) f(x) \, dx$$

$$= \int_0^1 2(1 - x) f(x) \, dx = 2(1 - \theta) \int_0^1 f(x) \, dx$$

其中，$\theta \in [0, 1]$。因为 $\int_0^1 2(1 - x) f(x) \, dx = \int_0^1 2(1 - x) e^{x^2-1} dt \approx 0.4440$ 和 $\int_0^1 f(x) \, dx = \int_0^1 e^{x^2-1} dx \approx 0.5381$，我们有 $\theta \approx 0.5874$。

注意到，定理 3-3-1 只对单调的 r-凸函数成立。那么，当 r-凸函数不单调时，如何估计其 Choquet 积分的上界呢?

定理 3-3-2　令 $f \in L_C^+(\mu)$ 是连续可微的 r-凸（r-凹）函数，$r \neq 0$，$\mu = \mu_m$ 是扭曲勒贝格测度，其中 $m(x)$ 是连续可微的。对 $[a, b] \subset \mathbf{R}^+$，$f(a) \neq f(b)$。如果 $f(a) < f(b)$，则有

$$(C) \int_{[a, b]} f(x) \, d\mu_m \leq (\geq) \int_0^{b-a} m'(b - a - x) G(x) \, dx \quad (3-51)$$

如果 $f(a) > f(b)$，则有

$$(C) \int_{[a, b]} f(x) \, d\mu_m \leq (\geq) \int_0^{b-a} m'(x) G(x) \, dx \quad (3-52)$$

其中，$G(x) = \left(\dfrac{b-a-x}{b-a}f(a)^r + \dfrac{x}{b-a}f(b)^r\right)^{\frac{1}{r}}$，$x \in [a, b]$。

证明 由于 f 是 r-凸的，所以对 $t = \dfrac{x}{b-a} \in [0, 1]$，有

$$f(a+x) = f((1-t)a+tb) \leq (\geq) [(1-t)f(a)^r + tf(b)^r]^{\frac{1}{r}} \doteq G(x)$$

如果 $f(a) < f(b)$，则 G(x) 关于 x 是单调递增的。这是因为：若 $f(a) < f(b)$，则

$$G'(x) = \frac{G(x)^{1-r}}{b-a} \cdot \frac{f(b)^r - f(a)^r}{r} > 0$$

由 Choquet 积分的性质和引理 3-2-2，有

$$(C)\int_{[a,b]} f(x)\,d\mu_m = (C)\int_{[0,b-a]} f(a+x)\,d\mu_m$$

$$\leq (\geq) (C)\int_{[0,b-a]} G(x)\,d\mu_m$$

$$= \int_0^{b-a} m'(b-a-x)\,G(x)\,dx$$

相反地，如果 $f(a) > f(b)$，则 G(x) 关于 x 是单调递减的。类似地，有

$$(C)\int_{[a,b]} f(x)\,d\mu_m = (C)\int_{[0,b-a]} f(a+x)\,d\mu_m$$

$$\leq (\geq) (C)\int_{[0,b-a]} G(x)\,d\mu_m$$

$$= \int_0^{b-a} m'(x)\,G(x)\,dx$$

例 3-3-2 考虑定义在 $[0, 2]$ 上的 $\dfrac{1}{2}$-凸函数 $f(x) = (3/2)^x - x$ 和扭曲勒贝格测度 $\mu = \mu_m$，其中 $m(x) = x^2$。显然 f 不是单调函数，$f(0) = 1$，$f(2) = \dfrac{1}{4}$。可求得 $G(x) = \left[\left(1-\dfrac{x}{2}\right)f(0)^{\frac{1}{2}} + \dfrac{x}{2}f(2)^{\frac{1}{2}}\right]^2 = \left(1-\dfrac{x}{4}\right)^2$。由定理 3-3-2，则有

$$(C)\int_{[0,2]} ((3/2)^x - x)\,d\mu_m \leq (C)\int_{[0,2]} G(x)\,d\mu_m$$

$$= (C)\int_{[0,2]} \left(1-\frac{x}{4}\right)^2 d\mu_m$$

$$= \int_0^2 2x\left(1-\frac{x}{4}\right)^2 dx \approx 1.8333$$

上面的定理 3-3-1 和定理 3-3-2 皆是扭曲勒贝格测度下的结果。下面，试图在一般的非可加测度下估计 r-凸函数的 Choquet 积分的上界。

定理 3-3-3　令 $f \in L_C^+(\mu)$ 是 r-凸（r-凹）函数，$r \neq 0$，μ 是非可加测度。对 $[a, b] \subset R^+$，如果 $f(a) \neq f(b)$，则有

$$(C)\int_{[a, b]} f(x) d\mu \leqslant (\geqslant) \int_0^{+\infty} \mu([a, b] \cap \{x: H(x) \geqslant \alpha\}) d\alpha;$$

$$(3-53)$$

进一步地，如果 $f(a) < f(b)$，则

$$(C)\int_{[a, b]} f(x) d\mu \leqslant (\geqslant) \mu([a, b]) f(a) +$$

$$\frac{f(b)^r - f(a)^r}{(b-a)^r} \int_a^b \mu([x, b]) H(x)^{1-r} dx$$

如果 $f(a) > f(b)$，则

$$(C)\int_{[a,b]} f(x) d\mu \leqslant (\geqslant) \mu([a,b]) f(b) -$$

$$\frac{f(b)^r - f(a)^r}{b-a} \int_a^b \mu([a,x]) H(x)^{1-r} dx$$

其中，$H(x) = \left(\dfrac{b-x}{b-a} f(a)^r + \dfrac{x-a}{b-a} f(b)^r\right)^{\frac{1}{r}}$，$x \in [a, b]$

证明　由 f 的 r-凸性，对 $x \in [a, b]$，有

$$f(x) = f\left(\left(1 - \frac{x-a}{b-a}\right) \cdot a + \frac{x-a}{b-a} \cdot b\right)$$

$$\leqslant \left(\left(1 - \frac{x-a}{b-a}\right) f(a)^r + \frac{x-a}{b-a} f(b)^r\right)^{\frac{1}{r}} \doteq H(x)$$

则 $H(a) = f(a)$，$H(b) = f(b)$ 并且

$$H'(x) = \frac{H(x)^{1-r}}{b-a} \cdot \frac{f(b)^r - f(a)^r}{r}$$

于是

$$(C)\int_{[a, b]} f(x) d\mu \leqslant (C)\int_{[a, b]} H(x) d\mu =$$

$$\int_0^{+\infty} \mu([a, b] \cap \{x: H(x) \geqslant \alpha\}) d\alpha$$

如果 $f(a) < f(b)$，则有

$$\int_0^{+\infty} \mu([a, b] \cap \{x: H(x) \geqslant \alpha\}) \, d\alpha$$

$$= \int_0^{+\infty} \mu([a, b] \cap \{x: x \geqslant H^{-1}(\alpha)\}) \, d\alpha$$

$$= \int_0^{f(a)} \mu([a, b]) \, d\alpha + \int_{f(a)}^{f(b)} \mu([H^{-1}(\alpha), b]) \, d\alpha$$

$$= \mu([a, b]) f(a) + \int_a^b \mu([x, b]) H'(x) \, dx$$

相反地，如果 $f(a) > f(b)$，则有

$$\int_0^{+\infty} \mu([a, b] \cap \{x: H(x) \geqslant \alpha\}) \, d\alpha$$

$$= \int_0^{+\infty} \mu([a, b] \cap \{x: x \leqslant H^{-1}(\alpha)\}) \, d\alpha$$

$$= \int_0^{f(b)} \mu([a, b]) \, d\alpha + \int_{f(b)}^{f(a)} \mu([a, H^{-1}(\alpha)]) \, d\alpha$$

$$= \mu([a, b]) f(b) - \int_a^b \mu([a, x]) H'(x) \, dx$$

定理 3-3-4 在一般非可加测度下成立；当然，在扭曲勒贝格测度下也成立。

例 3-3-3 考虑例 3-3-2 中的函数 $f(x) = (3/2)^x - x, x \in [0, 2]$，$\mu = \mu_m$ 是扭曲勒贝格测度，其中 $m(x) = x^2$。因为 $f(0) = 1$，$f(2) = \dfrac{1}{4}$，并且

$$H(x) = \left[\left(1 - \frac{x}{2}\right) f(0)^{\frac{1}{2}} + \frac{x}{2} f(2)^{\frac{1}{2}}\right]^2 = \left(1 - \frac{x}{4}\right)^2 。则由定理 3-3-3 得$$

$$(C) \int_{[0, 2]} ((3/2)^x - x) \, d\mu_m$$

$$\leqslant (C) \int_{[0, 2]} H(x) \, d\mu_m = (C) \int_{[0, 2]} \left(1 - \frac{x}{4}\right)^2 d\mu_m$$

$$= \int_0^{+\infty} \mu_m \left([0, 2] \cap \left\{x: \left(1 - \frac{x}{4}\right)^2 \geqslant \alpha\right\}\right) d\alpha$$

$$= \int_0^{+\infty} \mu_m([0, 2] \cap \{x: x \leqslant 4(1 - \sqrt{\alpha})\}) \, d\alpha$$

$$= \int_0^{1/4} \mu_m([0, 2]) \, d\alpha + \int_{1/4}^1 \mu_m([0, 4(1 - \sqrt{\alpha})]) \, d\alpha$$

$$= 1 + 16 \int_{1/4}^1 (1 - \sqrt{\alpha})^2 d\alpha \approx 1.8336$$

注 3-3-1 上面的定理 3-3-2 和定理 3-3-3 是在 $r \neq 0$ 的情形下讨论的，对于 $r = 0$ 时的结果在上一节中已经介绍过。

本节后半部分，我们将讨论 r-凸函数的 Choquet 积分的詹森不等式。

我们知道：如果函数 $f: \mathbf{R}^+ \to \mathbf{R}^+$ 是 r-凸函数，$0 < r \leq 1$，则 f 是凸的。简略证明如下。

证明 首先证明下面的不等式成立：对 α，$\beta > 0$，$0 \leq \lambda \leq 1$ 和 $0 < r \leq 1$，有

$$(\lambda \alpha^r + (1 - \lambda) \beta^r)^{\frac{1}{r}} \leq \lambda \alpha + (1 - \lambda) \beta \quad (3-54)$$

考虑函数 $h: \mathbf{R}^+ \to \mathbf{R}$：

$$h(t) = (\lambda t^r + 1 - \lambda) - (\lambda t + 1 - \lambda)^r$$

可知 $h'(t) = r\lambda(t^{r-1} - (\lambda t + 1 - \lambda)^{r-1})$。显然，$t = 1$ 是 $h(t)$ 的极点。进一步可得 $h''(t) = r\lambda((r-1)t^{r-2} - \lambda(r-1)(\lambda t + 1 - \lambda)^{r-2})$，简单计算，有 $h''(1) = r\lambda(1-\lambda)(r-1) \leq 0$。这说明 $h(t)$ 在 $t = 1$ 可取到最大值。所以 $h(t) \leq h(1) = 0$，于是有

$$(\lambda t^r + 1 - \lambda) \leq (\lambda t + 1 - \lambda)^r$$

现在，如果在上面的不等式中取 $t = \dfrac{\alpha}{\beta}$，则可得

$$\lambda \alpha^r + (1-\lambda) \beta^r \leq (\lambda \alpha + (1-\lambda) \beta)^r$$

两边开 r 次方即可得式（3-52）

对 x，$y \in \mathbf{R}^+$ 和 $0 \leq \lambda \leq 1$，因为 f 的 r-凸性（$0 < r \leq 1$）和式（3-52），可得

$$f(\lambda x + (1-\lambda) y) \leq (\lambda f(x)^r + (1-\lambda) f(y)^r)^{\frac{1}{r}}$$
$$\leq \lambda f(x) + (1-\lambda) f(y)$$

所以，f 是凸的。证明完毕。

由上面的结果和引理 3-3-1，容易得到下面的詹森不等式。

定理 3-3-5（詹森不等式 I） 假设 $g \in L_C^+(\mu)$，μ 是凹的非可加测度。如果 $f: \mathbf{R}^+ \to \mathbf{R}^+$ 是 r-凸函数，$0 < r \leq 1$，则可得

$$f\left((C)\int g d\mu\right) \leq (C)\int f \circ g d\mu \quad (3-55)$$

证明 令 $y_0 = (C)\int g d\mu$。函数 f 是 r-凸的，$0 < r \leq 1$，则 f 是凸的。所以存在一条通过 y_0 的直线，即存在 a 和 b，对任意 $y \in \mathbf{R}$，有 $ay_0 + b = f(y_0)$

和 $ay+b \leqslant f(y)$ 成立。因此，对 $\forall x \in X$ 有 $a \cdot g(x) + b \leqslant f \circ g(x)$。当 $a>0$ 时，由 Choquet 积分的性质有 $(C)\int a \cdot g d\mu = a \cdot (C)\int g d\mu$；当 $a<0$ 时，因为 μ 是凹的，则 $\mu \geqslant \bar{\mu}$，于是有 $(C)\int a \cdot g d\mu = -(C)\int (-a) \cdot g d\bar{\mu} \geqslant -(C)\int (-a) \cdot g d\mu = a \cdot (C)\int g d\mu$。所以

$$f\left((C)\int g d\mu\right) = a \cdot (C)\int g d\mu + b \leqslant (C)\int (a \cdot g + b) d\mu \leqslant (C)\int f \circ g d\mu$$

得证。

注 3-3-2 （1）定理 3-3-4 中詹森不等式只对 $0<r \leqslant 1$ 时的 r-凸函数成立；当 $r=0$ 时，0-凸即是对数凸，对数凸函数 Choquet 积分的詹森不等式在本章第二部分已有研究。

（2）当非可加测度 μ 凹时，我们可以利用詹森不等式 I 来估计 r-凸函数 Choquet 积分的下界。

例 3-3-4 考虑 $\mathbf{R}^+$ 上的函数 $L(x) = e^{(x+1)^2-1}$。$L(x)$ 可看作 $f(u)$ 和 $g(x)$ 的复合函数，即 $L(x) = f \circ g$，其中 $f(u) = e^{u^2-1}, u = g(x) = x+1$。显然 $f(u)$ 是 $\frac{1}{2}$-凸函数。

设扭曲勒贝格测度 $\mu = \mu_m$，其中 $m(x) = \sqrt{x}$。因为 m 是凹函数，所以 μ_m 是凹扭曲勒贝格测度。由定理 3-3-4 可得

$$(C)\int_{[0,1]} e^{(x+1)^2-1} d\mu_m$$

$$\geqslant e^{\left[(C)\int_{[0,1]} (x+1) d\mu_m\right]^2} - 1$$

$$= e^{\left[(C)\int_0^1 \frac{x+1}{2\sqrt{1-x}} dx\right]^2-1} = e^{1.6666^2-1} \approx 2.5226$$

另外，注意到：如果 f 是 r-凸函数，$r>0$，则 f^r 是凸函数。下面，我们将给出 r-凸函数 Choquet 积分的另一个詹森不等式。

定理 3-3-6 （詹森不等式 II）假设 $g \in L_C^+(\mu)$，μ 是凹的非可加测度。如果 $f: \mathbf{R}^+ \to \mathbf{R}^+$ 是 r-凸函数，$r>0$，则有

$$f^r\left((C)\int g d\mu\right) \leqslant (C)\int f^r \circ g d\mu \qquad (3-56)$$

注 3-3-3 当非可加测度 μ 凹时，我们也可以利用詹森不等式 II 来估计 r-凸函数 Choquet 积分的下界。

例 3-3-5　考虑函数 $L(x) = e^{\frac{(x+1)^{2-1}}{2}}$，$x \in \mathbf{R}^+$。设 $f(u) = e^{u^{2-1}}$，$u = g(x) = x+1$。显然 $f(u)$ 是 $\mathbf{R}^+$ 上的 $\frac{1}{2}$-凸函数，并且 $L(x) = f^{\frac{1}{2}} \circ g(x)$，即 $L(x)$ 是 $f^{\frac{1}{2}}(u)$ 和 $g(x)$ 的复合函数。

令扭曲勒贝格测度 $\mu = \mu_m$，其中 $m(x) = \sqrt{x}$。因为 m 是凹函数，所以 μ_m 是凹扭曲勒贝格测度。由定理 3-3-5 得

$$(C) \int_{[0, 1]} e^{\frac{(x+1)^{2-1}}{2}} d\mu_m$$

$$\geqslant e^{\frac{\left[(C)\int_{[0, 1]} (x+1) d\mu_m\right]^{2-1}}{2}}$$

$$= e^{\frac{\left[(C)\int_0^1 \frac{x+1}{2\sqrt{1-x}} dx\right]^{2-1}}{2}} = e^{\frac{1.6666^{2-1}}{2}} \approx 1.5883$$

三、小结

本节讨论了 r-凸函数的 Choquet 积分 Hadamard 不等式和詹森不等式，主要结果有：

（1）首先指出 Hadamard 型不等式在非可加测度下是不成立的，但是在扭曲勒贝格测度下，单调 r-凸函数的 Choquet 积分具有类似 Hadamard 不等式。

（2）分别在扭曲勒贝格测度和一般非可加测度下，给出了 r-凸函数的 Choquet 积分上界的估计。

（3）给出了两个 r-凸函数的 Choquet 积分詹森不等式。

这些结果既是 Choquet 积分理论也是凸分析理论的推广与补充。

第四节　容度下回报率为模糊数的投资组合问题

投资者把资金按一定比例分别投资于不同种类的有价证券或同一种类有价证券的多个品种上，这种分散的投资方式就是投资组合。通过投资组合可以分散风险，即"不能把鸡蛋放在同一个篮子里"。最著名的投资组

合模型是均值—方差模型（Markowitz，1952，1959，1987），其模型将期望收益率的方差作为风险，并将数理统计的方法应用到投资组合选择的研究中。此后，有许多学者基于风险的不同的度量方法，将均值—方差模型进行了改进（Best & Hlouskova，2000；Chopra & Ziembia，1998；Crama & Schyns，2003）。然而，现有的投资组合模型大都是在概率情形下进行考虑的。

一些学者也曾经提出过基于模糊理论的可能性（possibilistic）投资组合选择模型。Tanaka 等（2000）提出了两种基于可能性分布而不是概率分布的投资选择模型。Inuiguchi 和 Tanino（2000）处理了独立的可能性信息下的投资选择问题。可能性理论是由 Zedeh（1978）提出并发展起来的，其能够用来模拟现实中的一些信息不完全的不确定性问题。在可能性理论中，模糊数的期望和方差是两个重要概念。Zhang（2007）给出了模糊数的上、下可能性均值和方差的概念，并基于此概念分别提出了上、下可能性均值—方差投资选择模型，且给出了上、下可能性有效前沿。然而，按照这种方式，投资选择的上、下可能性有效前沿必须分开来讨论，这就导致在实际投资中人们不能很方便地找到最优的投资策略。为克服此弊端，我们将给出模糊数 A 关于权重函数 f 的权重均值和相应的权重方差的概念。

另外，大部分投资组合模型中只考虑了资产的回报和风险两个特征。实际上，除了回报和风险外，资产还有其他特征需要考虑，比如资产的名声、到期日、公司在市场中所处的地位等（Magoc & Modave，2011）。而且资产的各种特征之间相互影响。例如，高回报就会有高风险，反过来，高风险往往预示着高回报；资产的名声和回报之间是成正比例的；然而，名声和风险之间是反向关系；等等。考虑到资产特性之间的相关性，我们可以采用 Choquet 积分来集结资产的各个特征的效用值，并将其集结值作为目标函数，在给定最小的预期期望和最大的预期方差的条件下，构建出最优的投资组合模型。然而，利用 Choquet 积分进行数据处理的过程是非常复杂的：假设 I 是一个有限的离散集合，共有 m 个元素，元素之间相互关联。要用 Choquet 积分来集结 m 个元素的值，需要输入 I 的每个子集对应的容度值，共 2^m 个。但是，如果采用关于 2-可加容度（2-additive capacity）的 Choquet 积分（Denneberg & Grabisch，1996）来计算的话，就只需考虑单个元素和两个元素组成的集合对应的容度值，共 m^2 个。并且，在多目标决策中，利用关于 2-可加容度的 Choquet 积分来代替 Choquet 积分仍然可以得到正确的结果（Ceberio & Modave，2006）。

本部分首先定义模糊数的期望和方差；然后，在回报率是模糊数的情形下，利用关于 2-可加容度的 Choquet 积分来集结资产的各个特征的效用值，其集结值作为目标函数，给定最小的预期期望和最大的预期方差，从而构建出最优的投资组合模型。

假设 I 是一个有限集合，2^I 是其幂集。下面的 Shapley 值（Shapley Value）的概念是由 Shapley（1953）提出的。

定义 3-4-1　（Shapley 值）令 μ 为 I 上的容度，则元素 i 的 Shapley 值为

$$\mu_i = \sum_{B \subset I/\{i\}} \gamma_I(B) [\mu(B \cup \{i\}) - \mu(B)]$$

其中

$$\gamma_I(B) = \frac{(|I| - |B| - 1)! \cdot |B|!}{|I|!}$$

|B| 表示集合 B 中的元素的个数。

Shapley 值表示单个元素在整个集合中的重要性，而 2-阶关系指标（interaction index of degree 2）的概念则表示两个元素之间的关系大小（Ceberio & Modave，2006；Murofushi & Sugeno，1989）。

定义 3-4-2　（2-阶关系指标）令 μ 为 I 上的容度。元素 i 和 j 之间的关系指标定义为

$$\mu_{ij} = \sum_{B \subset I/\{i\}} (\xi_I(B) \cdot (\mu(B \cup \{ij\}) - \mu(B \cup \{i\}) - \mu(B \cup \{j\}) + \mu(B)))$$

其中

$$\xi_I(B) = \frac{(|I| - |B| - 2)! \cdot |B|!}{(|I| - 1)!}$$

2-阶关系指标 μ_{ij} 的值属于区间 [-1，1]，并且

（1）如果元素 i 和元素 j 是互补的（complement），则 $\mu_{ij} > 0$；

（2）如果元素 i 和元素 j 是互余的（redundant），则 $\mu_{ij} < 0$；

（3）如果元素 i 和元素 j 是互相独立的（independent），则 $\mu_{ij} = 0$。

2-可加容度的定义是由 Denneberg 和 Grabisch（1996）提出的。

定义 3-4-3　（2-可加容度）容度 μ 被称作 2-可加的：如果它的所有大于等于 3 阶的关系指标都是 0，至少有一个 2-阶关系指标不为 0。

Grabisch（2000）指出，在多目标决策问题中，如果决策者给出

Shapley 值 μ_i，和 2-阶关系指标 μ_{ij}，利用关于 2-可加容度 μ 的 Choquet 积分，就可以得到集结元。

定义 3-4-4（关于 2-可加容度 μ 的 Choquet 积分）

$$(C)\int_I fd\mu = \sum_{\mu_{ij}>0} (f(i) \wedge f(j))\,\mu_{ij} + \sum_{\mu_{ij}<0}(f(i) \vee f(j))\,|\,\mu_{ij}\,| + \sum_{i=1}^{n} f(i)\left(\mu_i - \frac{1}{2}\sum_{j\neq i}|\,\mu_{ij}\,|\right)$$

Choquet 积分的这种形式在实际中应用很广泛，用途之一就是投资组合选择问题。

一、模糊数的期望值和方差

模糊数 A 是实数集 $\mathbb{R}$ 上的正规的、凸的、有有界支撑的连续的隶属函数的模糊集合。

令模糊数 A 满足：对任意 $\gamma \in (0, 1]$，γ-水平集 $[A]^\gamma = [a_1(\gamma), a_2(\gamma)]$ 是非退化的，即 $a_1(\gamma) \neq a_2(\gamma)$。

令 A 和 B 是模糊数，$[A]^\gamma = [a_1(\gamma), a_2(\gamma)]$，$[B]^\gamma = [b_1(\gamma), b_2(\gamma)]$（$\gamma \in [0, 1]$），$\lambda \geq 0$。根据 Carlsson 和 Fullér（2001），有

$$[A+B]^\gamma = [a_1(\gamma)+b_1(\gamma), a_2(\gamma)+b_2(\gamma)]$$

和

$$[\lambda A]^\gamma = [\lambda a_1(\gamma), \lambda a_2(\gamma)]$$

称单调增函数 $f: [0, 1] \to \mathbb{R}^+$ 为权重函数，如果它满足：$\int_0^1 f(\gamma)\,d\gamma = 1$。

定义 3-4-5 模糊数 A 关于权重函数 f 的下、上期望值分别定义为

$$\mathbb{E}_*(A) = \int_0^1 a_1(\gamma)f(\gamma)\,d\gamma, \quad \mathbb{E}^*(A) = \int_0^1 a_2(\gamma)f(\gamma)\,d\gamma$$

即 A 的下、上期望值分别被定义为 γ-水平集 $[A]^\gamma$ 的左端点和右端点的权重平均。

模糊数 A 关于权重函数 f 的期望值定义为

$$\mathbb{E}(A) = \int_0^1 \frac{a_1(\gamma) + a_2(\gamma)}{2}f(\gamma)\,d\gamma$$

即 A 的期望值被定义为 $[A]^\gamma$ 的两个端点的几何平均值的权重平均。

注 3-4-1　（1）显然，有 $\mathbb{E}(A) = \dfrac{\mathbb{E}_*(A) + \mathbb{E}^*(A)}{2}$

（2）令 A_i 是模糊数，$\lambda_i \in \mathbb{R}$，$i = 1, 2, 3, \cdots, n$。则

$$\mathbb{E}\left(\sum_{i=1}^{n} \lambda_i A_i\right) = \sum_{i=1}^{n} \lambda_i \mathbb{E}(A_i)$$

定义 3-4-6　模糊数 A 关于权重函数 f 的方差定义为

$$\mathrm{Var}(A) = \int_0^1 [(a_1(\gamma) - \mathbb{E}_*(A))^2 + (a_2(\gamma) - \mathbb{E}^*(A))^2] f(\gamma)\,d\gamma$$

即模糊数 A 的方差定义为左端点与下期望的距离的平方和右端点与上期望的距离的平方之和的权重平均。

经过简单计算，得

$$\mathrm{Var}(A) = \int_0^1 (a_1^2(\gamma) + a_2^2(\gamma)) f(\gamma)\,d\gamma - \mathbb{E}_*^2(A) - \mathbb{E}^{*2}(A)$$

注 3-4-2　可得下面的结果

$$\mathrm{Var}(\lambda A) = \lambda^2 \mathrm{Var}(A), \quad \lambda \in \mathbb{R}$$

定义 3-4-7　设模糊数 A 的 γ-水平集为 $[A]^\gamma = [a_1(\gamma), a_2(\gamma)]$，模糊数 B 的 γ-水平集为 $[B]^\gamma = [b_1(\gamma), b_2(\gamma)]$ $(\gamma \in (0, 1])$，则 A 和 B 的协方差定义为

$$\mathrm{Cov}(A, B) = \int_0^1 [(a_1(\gamma) - \mathbb{E}_*(A))(b_1(\gamma) - \mathbb{E}_*(B)) +$$
$$(a_2(\gamma) - \mathbb{E}^*(A))(b_2(\gamma) - \mathbb{E}^*(B))] f(\gamma)\,d\gamma$$

由简单计算，可得

$$\mathrm{Cov}(A, B) = \int_0^1 (a_1(\gamma) b_1(\gamma) + a_2(\gamma) b_2(\gamma)) f(\gamma)\,d\gamma -$$
$$\mathbb{E}_*(A)\mathbb{E}_*(B) - \mathbb{E}^*(A)\mathbb{E}^*(B)$$

下面的定理表明：模糊数的线性组合的方差的计算公式和概率论中的计算公式相同。

定理 3-4-1　令 A，B 是模糊数，$\lambda, \mu \in \mathbb{R}$。则

$$\mathrm{Var}(\lambda A + \mu B) = \lambda^2 \mathrm{Var}(A) + \mu^2 \mathrm{Var}(B) + 2|\lambda\mu|\mathrm{Cov}(\rho(\lambda)A, \rho(\mu)B)$$

其中 $\rho(x)$ 是 $x \in \mathbb{R}$ 的符号函数，即

$$\rho(x) = \begin{cases} 1 & \text{if } x > 0, \\ 0 & \text{if } x = 0, \\ -1 & \text{if } x < 0 \end{cases}$$

证明 令 $[A]^{\gamma} = [a_1(\gamma), a_2(\gamma)]$，$[B]^{\gamma} = [b_1(\gamma), b_2(\gamma)]$，$\gamma \in [0, 1]$
假设 $\lambda > 0$，$\mu > 0$，则
$$[\lambda A + \mu B]^{\gamma} = [\lambda a_1(\gamma) + \mu b_1(\gamma), \ \lambda a_2(\gamma) + \mu b_2(\gamma)]$$
可得

$$
\begin{aligned}
\mathrm{Var}(\lambda A + \mu B) &= \int_0^1 [(\lambda a_1(\gamma) + \mu b_1(\gamma))^2 + (\lambda a_2(\gamma) + \mu b_2(\gamma))^2] f(\gamma) \, d\gamma - \\
&\quad \mathbb{E}_*^2(\lambda A + \mu B) - \mathbb{E}^{*2}(\lambda A + \mu B) \\
&= \lambda^2 \left[\int_0^1 (a_1^2(\gamma) + a_2^2(\gamma)) f(\gamma) \, d\gamma - \mathbb{E}_*^2(A) - \mathbb{E}^{*2}(A) \right] + \\
&\quad \mu^2 \left[\int_0^1 (b_1^2(\gamma) + b_2^2(\gamma)) f(\gamma) \, d\gamma - \mathbb{E}_*^2(B) - \mathbb{E}^{*2}(B) \right] + \\
&\quad 2\lambda\mu \left[\int_0^1 (a_1(\gamma) b_1(\gamma) + a_2(\gamma) b_2(\gamma)) f(\gamma) \, d\gamma - \right. \\
&\quad \left. \mathbb{E}_*(A) \mathbb{E}_*(B) - \mathbb{E}^*(A) \mathbb{E}^*(B) \right] \\
&= \lambda^2 \mathrm{Var}(A) + \mu^2 \mathrm{Var}(B) + 2\lambda\mu \mathrm{Cov}(A, B)
\end{aligned}
$$

同理，当 $\lambda > 0$，$\mu < 0$ 时，有
$$\mathrm{Var}(\lambda A + \mu B) = \lambda^2 \mathrm{Var}(A) + \mu^2 \mathrm{Var}(B) - 2\lambda\mu \mathrm{Cov}(A, -B)$$
当 $\lambda < 0$，$\mu < 0$ 时，有
$$\mathrm{Var}(\lambda A + \mu B) = \lambda^2 \mathrm{Var}(A) + \mu^2 \mathrm{Var}(B) + 2\lambda\mu \mathrm{Cov}(-A, -B)$$
当 $\lambda < 0$，$\mu > 0$ 时，有
$$\mathrm{Var}(\lambda A + \mu B) = \lambda^2 \mathrm{Var}(A) + \mu^2 \mathrm{Var}(B) - 2\lambda\mu \mathrm{Cov}(-A, B)$$
总之，可得
$$\mathrm{Var}(\lambda A + \mu B) = \lambda^2 \mathrm{Var}(A) + \mu^2 \mathrm{Var}(B) + 2|\lambda\mu| \mathrm{Cov}(\rho(\lambda) A, \ \rho(\mu) B)$$
其中，$\rho(x)$ 是 x 的符号函数。
类似地，可得下面的结果。

定理 3-4-2 令 A_i 是模糊数，$\lambda_i \in \mathbb{R}$，$i = 1, 2, \cdots, n$，则
$$\mathrm{Var}\left(\sum_{i=1}^n \lambda_i A_i \right) = \sum_{i=1}^n \lambda_i^2 \mathrm{Var}(A_i) + 2 \sum_{i > j = 1}^n \lambda_i \lambda_j \mathrm{Cov}(\rho(\lambda_i) A_i, \rho(\lambda_j) A_j)$$
其中，$\rho(x)$ 是 $x \in \mathbb{R}$ 的符号函数。

二、模型

考虑到资产的多个特征以及各个特征之间的相关性，基于模糊数的期

望和方差的概念以及 Choquet 积分，按照以下四个步骤来构建模糊投资选择模型。

第一步，假设市场上有 n（≥2）个风险资产。投资组合表示为 x̄ = (x_1，x_2，x_3，…，x_n)′，其中 x_i 表示第 i 个资产的投资比重。

有限集合 I 表示资产的特征的集合，其包含资产回报、风险、资产的名声、到期日等。资产的回报率用向量表示为 ξ = (ξ_1，ξ_2，…，ξ_n)′，其中，ξ_i 代表第 i 个资产的模糊回报率，i=1，2，3，…，n。V = (σ_{ij})_{n×n}，i，j=1，2，3，…，n 是协方差矩阵。

令 $\mathbb{E}[\bar{x}'\xi]$ 和 Var[x̄′ξ] 分别表示投资组合的期望回报率和方差，则

$$\mathbb{E}[\bar{x}'\xi] = \bar{x}'\mathbb{E}[\xi] \qquad \mathrm{Var}[\bar{x}'\xi] = \bar{x}'V\bar{x}$$

资产的名声通常是根据资产的历史回报来主观定义的。于是可以定义投资组合 x̄ 的回报、风险和名声如下：

（1）定义投资组合 x̄ 的回报为 $y_1 = \bar{x}'E[\xi]$；

（2）定义投资组合 x̄ 的风险为 $y_2 = \bar{x}'V\bar{x}$；

（3）定义投资组合 x̄ 的名声为 $y_3 = \sum_{i=1}^{n} x_i p_i$，其中 p_i 表示第 i 个资产的名声。

类似地，可以根据投资组合中包含的单个资产和资金的数目等因素来定义组合的其他特征的值。

第二步，定义组合的各个特征的效用函数：其是从特征的值到区间 [0，1] 的映射。

令 l̄ 为最小的预期期望。资产回报的效用函数的最简单的形式为：将最大的理想回报值映射为 1，将最低的回报值映为 0，其他的回报值映射为 0~1 的值。于是定义回报的效用函数如下：

$$u_1(y_1) = \begin{cases} 1 & \text{若 } y_1 \geqslant \bar{l} \\ \dfrac{y_1}{\bar{l}} & \text{若 } 0 < y_1 < \bar{l} \\ 0 & \text{若 } y_1 \leqslant 0 \end{cases}$$

因为风险和回报是反向的，所以，风险的效用函数与之相反：将最小的风险值映射为 1，将最大的风险值映射为 0。令 r̄ 为可容忍的最大风险。于是定义风险的效用函数如下：

$$u_2(y_2) = \begin{cases} 0 & \text{若 } y_2 \geqslant \bar{r} \\ 1 - \dfrac{y_2}{\bar{r}} & \text{若 } 0 < y_2 < \bar{r} \\ 1 & \text{若 } y_2 = 0 \end{cases}$$

给定组合的名声的参考值为 p，定义资产的名声的效用函数如下：

$$u_3(y_3) = \begin{cases} 1 & \text{若 } y_3 \geqslant p \\ \dfrac{y_3}{p} & \text{若 } 0 < y_3 < p \\ 0 & \text{若 } y_3 \leqslant 0 \end{cases}$$

可类似地给出其他特征的效用函数。

第三步，各个特征的效用函数确定了之后，就要来集结资产的效用值。如前文所述，资产的各种特征之间是相互影响的。考虑到资产的特性之间的相关性，我们可以采用 Choquet 积分来集结资产的各个特征的效用值，并将其集结值作为目标函数。令随机变量 X 表示各个特征的效用值。考察市场得知，Shapley 值和 2-阶关系指标如下：$\mu_1 = \mu(\{X = u_1(y_1)\})$，…，$\mu_m = \mu(\{X = u_m(y_m)\})$，$\mu_{ij} = \mu(\{X = u_i(y_i)\}, \{X = u_j(y_j)\})$，$1 \leqslant i, j \leqslant m$，$i \neq j$。

第四步，利用 Choquet 积分，得到目标函数 $\max\limits_{\bar{x}} \mu(X)$，其具体表达式为

$$\mu(X) = \sum_{\mu_{ij} > 0} (u_i(y_i) \wedge u_j(y_j)) \mu_{ij} + \sum_{\mu_{ij} < 0} (u_i(y_i) \vee u_j(y_j)) |\mu_{ij}| +$$

$$\sum_{i=1}^{n} u_i(y_i) \left(\mu_i - \frac{1}{2} \sum_{j \neq i} |\mu_{ij}| \right)$$

这里，y_i 代表投资组合的第 i 个特征（如风险、回报、名声、到期日等）。

最大化问题有下面的限制条件：

$$\begin{cases} \bar{x}' \mathbb{E}[\xi] \geqslant \bar{r} \\ \bar{x}' V \bar{x} \leqslant \bar{l} \\ x_1 + x_2 + \cdots + x_n = 1 \\ x_i \geqslant 0, \ i = 1, 2, 3, \cdots, n, \end{cases} \tag{3-57}$$

其中，$\bar{r}$ 表示最小的投资回报，$\bar{l}$ 是可容忍的最大风险。

下面的例子给出了期望回报是三角模糊数的投资组合模型。

例 3-4-1 考虑三角模糊数 $A = (a, b, \alpha, \beta)$。其隶属函数为：

$$A(t) = \begin{cases} 1 - \dfrac{a-t}{\alpha} & \text{if } a-\alpha \leq t \leq a \\ 1 & \text{if } a \leq t \leq b \\ 1 - \dfrac{t-b}{\beta} & \text{if } b \leq t \leq b+\beta \\ 0 & \text{otherwise} \end{cases}$$

对任意 $\gamma \in [0, 1]$ 有 $[A]^\gamma = [a-(1-\gamma)\alpha, b+(1-\gamma)\beta]$。因此

$$a_1(\gamma) = a-(1-\gamma)\alpha, \quad a_2(\gamma) = b+(1-\gamma)\beta$$

假设 $f(\gamma) = (k+1)\gamma^k$ 对任意 $\gamma \in (0, 1]$，$k \geq 1$。根据定义，得

$$\mathbb{E}_*(A) = \int_0^1 (a - (1-\gamma)\alpha)(k+1)\gamma^k d\gamma$$

$$= a - \frac{\alpha}{k+2}$$

和

$$\mathbb{E}^*(A) = \int_0^1 (b + (1-\gamma)\beta)(k+1)\gamma^k d\gamma$$

$$= b + \frac{\beta}{k+2}$$

所以

$$\mathbb{E}(A) = \frac{\mathbb{E}_*(A)+\mathbb{E}^*(A)}{2} = \frac{a+b}{2} + \frac{\beta-\alpha}{2(k+2)}$$

根据定义，有

$$\mathrm{Var}(A) = \int_0^1 (a_1^2(\gamma) + a_2^2(\gamma))(k+1)\gamma^k d\gamma - \mathbb{E}_*^2(A) - \mathbb{E}^{*2}(A)$$

$$= \int_0^1 [(a - (1-\gamma)\alpha)^2 + (b + (1-\gamma)\beta)^2](k+1)\gamma^k d\gamma -$$

$$\left(a - \frac{\alpha}{k+2}\right)^2 - \left(b + \frac{\beta}{k+2}\right)^2$$

$$= \frac{(k + 1)(\alpha^2 + \beta^2)}{(k + 2)^2(k + 3)}$$

令 $\xi_i = (a_i, b_i, \alpha_i, \beta_i)$, $i = 1, 2, 3, \cdots, n$ 是 n 个梯形模糊数。ξ_i 的 γ-水平为 $[\xi_i]^\gamma = [a_i - (1-\gamma)\alpha_i, b_i + (1-\gamma)\beta_i]$ 对任意 $\gamma \in [0, 1]$。由上面，有

$$\mathbb{E}_*(\xi_i) = a_i - \frac{\alpha_i}{k+2}, \quad \mathbb{E}^*(\xi_i) = b_i + \frac{\beta_i}{k+2}$$

$$\mathbb{E}(\xi_i) = \frac{a_i + b_i}{2} + \frac{\beta_i - \alpha_i}{2(k+2)}$$

和

$$Var(\xi_i) = \frac{(k+1)(\alpha_i^2 + \beta_i^2)}{(k+2)^2(k+3)}$$

则有

$$Cov(\xi_i, \xi_j) = \int_0^1 [(a_i - (1 - \gamma)\alpha_i)(a_j - (1 - \gamma)\alpha_j) +$$

$$(b_i + (1 - \gamma)\beta_i)(b_i + (1 - \gamma)\beta_i)](k + 1)\gamma^k d\gamma -$$

$$\left(a_i - \frac{\alpha_i}{k + 2} \right)\left(a_j - \frac{\alpha_j}{k + 2} \right) - \left(b_i + \frac{\beta_i}{k + 2} \right)\left(b_j + \frac{\beta_j}{k + 2} \right)$$

$$= \frac{(k + 1)(\alpha_i\alpha_j + \beta_i\beta_j)}{(k + 2)^2(k + 3)}$$

现在考虑 $x_1\xi_1 + x_2\xi_2 + \cdots + x_n\xi_n$，其中 $\xi_i = (a_i, b_i, \alpha_i, \beta_i)$, $x_i \in R$, $i = 1, 2, 3, \cdots, n$。由注 3-4-1 (2)，有

$$\mathbb{E}\left(\sum_{i=1}^n x_i\xi_i \right) = \sum_{i=1}^n x_i\mathbb{E}(\xi_i) = \sum_{i=1}^n \left(\frac{a_i + b_i}{2} + \frac{\beta_i - \alpha_i}{2(k + 2)} \right)x_i$$

于是可得

$$Var\left(\sum_{i=1}^n x_i\xi_i \right) = \sum_{i=1}^n x_i^2 Var(\xi_i) + 2\sum_{i>j=1}^n x_i x_j Cov(\xi_i, \xi_j)$$

$$= \sum_{i=1}^n x_i^2 \cdot \frac{(k + 1)(\alpha_i^2 + \beta_i^2)}{(k + 2)^2(k + 3)} +$$

$$2\sum_{i>j=1}^n x_i x_j \cdot \frac{(k + 1)(\alpha_i\alpha_j + \beta_i\beta_j)}{(k + 2)^2(k + 3)}$$

$$= \frac{k + 1}{(k + 2)^2(k + 3)}\left(\left(\sum_{i=1}^n \alpha_i x_i \right)^2 + \left(\sum_{i=1}^n \beta_i x_i \right)^2 \right)$$

于是投资组合模型可构建为

$$
\begin{cases}
\max_{\bar{x}} \quad \mu(X) \\
\text{s.t.} \quad \sum_{i=1}^{n} \left(\dfrac{a_i + b_i}{2} + \dfrac{\beta_i - \alpha_i}{2(k+2)} \right) x_i \geqslant \bar{r} \\
\dfrac{k+1}{(k+2)^2(k+3)} \left(\left(\sum_{i=1}^{n} \alpha_i x_i \right)^2 + \left(\sum_{i=1}^{n} \beta_i x_i \right)^2 \right) \leqslant \bar{1} \\
x_1 + x_2 + \cdots + x_n = 1 \\
x_i \geqslant 0, \ i = 1, 2, 3, \cdots, n
\end{cases}
$$

显然，上面模型是简单的线性规划模型。利用 Matlab 软件容易得到有效前沿。

注 3-4-3　特别地，令 $\xi_i = (a_i, \alpha_i, \beta_i)$，$i = 1, 2, 3, \cdots, n$，是 n 个三角模糊数。ξ_i 的 $\gamma-$ 水平为 $[\xi_i]^{\gamma} = [a_i - (1-\gamma)\alpha_i, a_i + (1-\gamma)\beta_i]$ 对所有 $\gamma \in [0, 1]$。

在例 3-4-1 中令 $b_i = a_i$，可得

$$
\mathbb{E}(\xi_i) = a_i + \frac{\beta_i - \alpha_i}{2(k+2)}, \quad \text{Var}(\xi_i) = \frac{(k+1)(\alpha_i^2 + \beta_i^2)}{(k+2)^2(k+3)}
$$

和

$$
\text{Cov}(\xi_i, \xi_j) = \frac{(k+1)(\alpha_i \alpha_j + \beta_i \beta_j)}{(k+2)^2(k+3)}
$$

则

$$
\mathbb{E}\left(\sum_{i=1}^{n} x_i \xi_i \right) = \sum_{i=1}^{n} \left(a_i + \frac{\beta_i - \alpha_i}{2(k+2)} \right) x_i
$$

$$
\text{Var}\left(\sum_{i=1}^{n} x_i \xi_i \right) = \frac{(k+1)}{(k+2)^2(k+3)} \left(\left(\sum_{i=1}^{n} \alpha_i x_i \right)^2 + \left(\sum_{i=1}^{n} \beta_i x_i \right)^2 \right)
$$

所以投资组合模型为

$$
\begin{cases}
\max_{\bar{x}} \quad \mu(X) \\
\text{s.t.} \quad \sum_{i=1}^{n} \left(\dfrac{a_i + b_i}{2} + \dfrac{\beta_i - \alpha_i}{2(k+2)} \right) x_i \geqslant \bar{\gamma} \\
\dfrac{k+1}{(k+2)^2(k+3)} \left(\left(\sum_{i=1}^{n} \alpha_i x_i \right)^2 + \left(\sum_{i=1}^{n} \beta_i x_i \right)^2 \right) \leqslant \bar{1} \\
x_1 + x_2 + x_3 \cdots + x_n = 1 \\
x_i \geqslant 0, \ i = 1, 2, 3, \cdots, n
\end{cases}
$$

注 3-4-4 如果 $\xi_i = (a_i, b_i, \alpha_i)$, $i = 1, 2, 3, \cdots, n$ 是 n 个梯形模糊数, 即 $\alpha_i = \beta_i$, $i = 1, 2, 3, \cdots, n$, 则均值方差模型为

$$\begin{cases} \max\limits_{\bar{x}} \quad \mu(X) \\ \\ \text{s. t.} \quad \sum\limits_{i=1}^{n} \left(\dfrac{a_i + b_i}{2} + \dfrac{\beta_i - \alpha_i}{2(k+2)} \right) x_i \geqslant \bar{\gamma} \\ \\ \qquad \dfrac{2(k+1)}{(k+2)^2(k+3)} \left(\sum\limits_{i=1}^{n} \alpha_i x_i \right)^2 \leqslant \bar{l} \\ \\ \qquad x_1 + x_2 + \cdots + x_n = 1 \\ \\ \qquad x_i \geqslant 0, \ i = 1, 2, 3, \cdots, n \end{cases}$$

特别地, 令回报率 $\xi_i = [a_i, b_i]$, $i = 1, 2, 3, \cdots, n$ 是 n 个区间模糊数, 即 $\alpha_i = \beta_i = 0$, $i = 1, 2, 3, \cdots, n$, 则模型为

$$\begin{cases} \max\limits_{\bar{x}} \quad \mu(X) \\ \\ \text{s. t.} \quad \dfrac{1}{2} \sum\limits_{i=1}^{n} (a_i + b_i) x_i \geqslant \bar{\gamma} \\ \\ \qquad x_1 + x_2 + \cdots + x_n = 1 \\ \\ \qquad x_i \geqslant 0, \ i = 1, 2, 3, \cdots, n \end{cases}$$

注 3-4-5 假设权重函数 $f(\gamma) = 2\gamma$, $\gamma \in [0, 1]$, 则上面讨论的模型可以分别简化为

$$\begin{cases} \max\limits_{\bar{x}} \quad \mu(X) \\ \\ \text{s. t.} \quad \sum\limits_{i=1}^{n} \left(\dfrac{a_i + b_i}{2} + \dfrac{\beta_i - \alpha_i}{6} \right) x_i \geqslant \bar{\gamma} \\ \\ \qquad \dfrac{1}{18} \left(\left(\sum\limits_{i=1}^{n} \alpha_i x_i \right)^2 + \left(\sum\limits_{i=1}^{n} \beta_i x_i \right)^2 \right) \leqslant \bar{l} \\ \\ \qquad x_1 + x_2 + \cdots + x_n = 1 \\ \\ \qquad x_i \geqslant 0, \ i = 1, 2, 3, \cdots, n \end{cases}$$

$$\begin{cases} \max_{\bar{x}} \quad \mu(X) \\ \text{s. t.} \quad \sum_{i=1}^{n} \left(a_i + \dfrac{\beta_i - \alpha_i}{6} \right) x_i \geqslant \bar{\gamma} \\ \dfrac{1}{18} \left(\left(\sum_{i=1}^{n} \alpha_i x_i \right)^2 + \left(\sum_{i=1}^{n} \beta_i x_i \right)^2 \right) \leqslant \bar{l} \\ x_1 + x_2 + x_3 \cdots + x_n = 1 \\ x_i \geqslant 0, \ i = 1, 2, 3, \cdots, n \end{cases}$$

和

$$\begin{cases} \max_{\bar{x}} \quad \mu(X) \\ \text{s. t.} \quad \dfrac{1}{2} \sum_{i=1}^{n} (a_i + b_i) x_i \geqslant \bar{r} \\ \dfrac{1}{9} \left(\sum_{i=1}^{n} \alpha_i x_i \right)^2 \leqslant \bar{l} \\ x_1 + x_2 + x_3 \cdots + x_n = 1 \\ x_i \geqslant 0, \ i = 1, 2, 3, \cdots, n \end{cases}$$

三、实例

　　为了说明提出的最优模型的有效性，我们将从金融市场中选取实际数据来做实证分析。从上海股票交易所选取 5 只股票，历史数据为 5 只股票从 2009 年 6 月到 2010 年 6 月的每周的回报率，来自搜狐网。

　　进行数据分析的第一个问题是如何通过历史数据来评估 5 只股票的模糊回报率。

　　假设 5 只股票的历史回报率分别是三角模糊数 $\xi_i = (a_i, \alpha_i, \beta_i)$，$i = 1, 2, 3, \cdots, 5$。现在给出三角模糊数的回报率的评估方法。首先，来分析股票每周回报率的历史数据的频率分布。接着，令区间 $[r_j, r_{j+1}]$，$j = 1, 2, 3, \cdots, m-1$，包含所有的历史回报率，令 n_j 是 $[r_j, r_{j+1}]$，$j = 1, 2, 3, \cdots, m-1$ 的频数。如果区间 $[r_k, r_{k+1}]$ 对应于最大频数 n_k，a_i 可按照下列公式计算：

$$a_i = r_k + \frac{n_k}{n_{k-1} + n_k + n_{k+1}} \cdot (r_{k+1} - r_k)$$

最后，令 $a_i-\alpha_i$ 是回报率的最大值，令 $a_i-\beta_i$ 是回报率的最小值。因此，可得 α_i 和 β_i 的值。从而，可得股票 i 的回报率的三角模糊数。

下面，以股票 1（股票：中国平安；代号：601318）为例来说明具体的评估方法。一周的回报率定义为

$$\eta_i = \frac{p'_i - p_i}{p_i}$$

其中，p'_i 表示股票 i 在本周的收盘价，p_i 是股票 i 本周的开盘价，i = 1，2，3，…，5。将股票 1 的每周的回报率列在表 3-1 中。

显然，回报率的最大值是 18.33，最小值是 -10.10，两者的差为 28.43。如果我们将这 54 个数据分成 14 个区间，则区间长度近似为 2.20。易知第 6 个区间 [0.90，3.10] 包含 10，即频数的最大值。第 5 个区间和第 7 个区间分别对应于 9 和 6。则 a_1 按照上面的公式可得

$$a_1 = 0.90 + \frac{10}{9+10+6} \times 2.20 = 1.78$$

表 3-1　中国平安的每周回报率　　　　　　　　单位:%

5.03	-6.46	0.77	-1.57	6.78	-0.45	3.88	2.55	1.04
-10.10	13.86	-0.84	4.25	4.18	3.44	7.00	-2.17	-1.98
-5.41	1.15	-4.86	-4.35	-0.53	-6.21	2.82	8.22	-7.10
-1.54	0.87	7.24	-4.34	4.39	10.53	-0.89	1.58	0.00
-1.61	1.14	-3.23	7.03	6.08	-9.94	-2.15	0.18	1.73
1.33	-7.26	-7.04	-1.53	3.49	7.33	0.52	18.33	3.85

表 3-2　5 只股票的模糊回报率　　　　　　　　单位:%

股票	股票 1	股票 2	股票 3	股票 4	股票 5
a_i	1.78	1.05	4.50	5.20	7.20
α_i	11.88	7.50	7.50	6.90	8.70
β_i	16.55	10.20	9.60	10.80	11.40

最后，基于历史数据，$a_1-\alpha_1 = -10.10$，$a_1-\beta_1 = 18.33$。因此，$\alpha_1 = 11.88$，$\beta_1 = 16.55$。

从而，可得股票 1 的三角模糊数的回报率。

同理，可得其他 4 只股票的三角模糊数形式的回报率。将 5 只股票的模糊回报率列在表 3-2 中。

记组合的特征的集合为 I={回报，风险，名声}。

将股票的名声定义为 54 周股票的平均回报率。由表 3-1，股票 1 的名声的数值为 4.457%。类似地，可得其他 4 只股票的名声的数值分别为 5.1%、−1.235%、1.525%、8.9%。令组合的名声的参考数值为 p=10%。

根据投资经验，Shapley 值和 2 阶关系指标定义如下：$\mu_1 = \mu_2 = 0.5$、$\mu_3 = 0.3$、$\mu_{12} = 0.9$、$\mu_{13} = 0.6$、$\mu_{23} = -0.6$。

根据 3-4-2 中的模型，最优投资列在表 3-3 和表 3-4 中。如果投资者对得到的投资不满意，通过改变 $\bar{l}$ 和 $\bar{r}$ 的值可以得到较多的投资。

表 3-3 和表 3-4 的结果表明：随着 $\bar{l}$ 值和 $\bar{r}$ 值的增加，相应地，除了投资组合 2 之外 μ（X）的值在增加。这是因为，除了资产的回报和风险外，μ（X）的值也与资产的名声有关。在投资组合 2，具有较坏名声的股票 3 和股票 4 比在投资组合 1 中占的比重大。

表 3-3　一些有效的投资组合

	投资组合 1	投资组合 2	投资组合 3	投资组合 4
$\max\limits_{\bar{x}} \mu$（X）	0.2669	0.2679	0.2674	0.2748
$\bar{l}$（%）	2.5523	2.7523	2.9872	3.3254
$\bar{r}$（%）	5.50	5.75	6.00	6.25
x_1	0.0000	0.0038	0.0517	0.0132
x_2	0.1342	0.0858	0.0000	0.0000
x_3	0.2843	0.2857	0.2904	0.2646
x_4	0.2935	0.3075	0.3196	0.3291
x_5	0.2879	0.3173	0.3383	0.3931

表 3-4 一些有效的投资组合

	投资组合 5	投资组合 6	投资组合 7	投资组合 8
$\max\limits_{\bar{x}} \mu\ (X)$	0.2891	0.3074	0.3256	0.3452
$\bar{l}\ (\%)$	3.8478	4.6716	5.8062	7.345
$\bar{r}\ (\%)$	6.50	6.75	7.00	7.25
x_1	0.0000	0.0000	0.0000	0.0000
x_2	0.0000	0.0000	0.0000	0.0000
x_3	0.2003	0.1159	0.0316	0.0000
x_4	0.3274	0.3197	0.3120	0.2222
x_5	0.4724	0.5644	0.6564	0.7778

第五节　区间框架下的拍卖模型

一、引言

最早的拍卖理论和竞标研究是 Vickrey 的开创性工作（Vickrey，1961）。第一价格密封出价拍卖是一种常见的拍卖类型。在这种类型的拍卖中，所有投标人同时提交密封投标价格，任何投标人都不知道其他参与者和最高投标人的投标价格（Krishna，2002）。随着电子信息时代的到来，拍卖理论和它的应用近年来得到了迅速的发展，这使得人们越来越关注拍卖设计的细节及其对投标人行为和卖方收入的影响。然而，我们知道，每一个拍卖设计模型都必须处理不确定性下的决策问题。Myerson（1981）研究了拍卖作为具有不完善信息的非合作博弈，并设计了一种拍卖博弈：假设卖方对投标人的价值估计的不确定性可以用有限区间上的连续概率分布来描述，则存在一个纳什均衡。非合作拍卖博弈模型已经在几篇论文中进行了研究（Wilson，1969；Levin & Ozdenoren，2004；Krawczyk，2007）。

众所周知，在许多实际情况下，我们必须面对一种特定的不完美数据——区间值数据（Masson & Denoeux，2002，2004；Wang，Li & Denoeux，2015；Gou & Xu，2017）。区间数据表示不完全观测，即我们只知道真实数据属于某个范围（间隔），而不是精确的值。考虑卖方面临的问题，其有一个物品要出售，因为不确定性，投标人估计此物品的价值是区间值数据。我们很自然地想知道是否有一些拍卖模式，可以给卖方最高的预期收入。

在本节中，我们将在现有文献的基础上构建一个具有不确定性的新拍卖模型。假设一个投标人对竞标物品的估价是区间值随机变量的一个可测选择。区间值随机变量是一种特殊的集值随机变量，其值为实数集合的非空闭子集。集值随机变量理论已经有许多结果（Li，Ogura & Kreinovich，2002；Molchanov，2005；Wang & Li，2013）。

本节的内容如下。第二部分是准备知识，列举一些稍后将使用的关于区间和集值随机变量的基本概念。在第三部分，我们将给出一种新的第一价格密封拍卖模型。在第四部分，将研究新的模型的解，以获得最优的投标策略，以及卖方从这次拍卖中的预期利润。

二、基础知识

下面，首先回顾一些关于区间和集值随机变量（包括区间值随机变量）的基础知识。关于区间值随机变量的更多定义和更多结果，读者可以参照 Li、Ogura 和 Kreinovich 的研究（2002）。

假设（$\mathcal{R}^+$）$\mathcal{R}$ 是（非空）实数集，$\mathcal{N}$ 是自然数集合。

（一）区间 d_p 距离

令 K（$\mathcal{R}$）是 $\mathcal{R}$ 上所有有界闭区间的集合，即 K（$\mathcal{R}$）= $\{$ [a，b]：$-\infty <$ a $\leq$ b $< +\infty$ $\}$。

令 A = [a，b] $\in$ K（$\mathcal{R}$），则 A 的中心和半径分别为：

$$m_A = \frac{a+b}{2}, \quad r_A = \frac{b-a}{2}$$

区间 A 可以表示为 A = $\langle m_A$；$r_A \rangle$。显然，实数 a 可以被记为 a = [a，a] = $\langle a$；$0 \rangle$。

如果 A_1，$A_2 \in$ K（$\mathcal{R}$），A_1 = [a_1，b_1] = $\langle m_1$；$r_1 \rangle$，A_2 = [a_2，b_2] =

$\langle m_2; r_2 \rangle$，则

$$A_1 + A_2 = [a_1 + a_2, \ b_1 + b_2] = \langle m_1 + m_2; \ r_1 + r_2 \rangle,$$

$$kA_1 = \langle km_1; \ |\ k\ |\ r_1 \rangle$$

定义 3-5-1 假设 A_1，$A_2 \in K(\mathcal{R})$，$A_1 = [a_1, \ b_1] = \langle m_1; \ r_1 \rangle$，$A_2 = [a_2, \ b_2] = \langle m_2; \ r_2 \rangle$，$1 \leqslant p < \infty$，则定义 $K(\mathcal{R})$ 上的距离 d_p 为

$$d_p(A_1, A_2) = [\ |\ a_1 - a_2\ |^p + |\ b_1 - b_2\ |^p]^{\frac{1}{p}}$$

$$= [\ |\ (m_2 - m_1) - (r_2 - r_1)\ |^p + |\ (m_2 - m_1) + (r_2 - r_1)\ |^p]^{\frac{1}{p}}$$

$$(3-58)$$

(二) 集值随机变量

假设可测空间 $(\Omega, \mathcal{F})$，定义 $\mathbf{K}(\mathcal{R})$ 为 $\mathcal{R}$ 上非空闭子集的集合。

定义 3-5-2 集值映射 F：$\Omega \rightarrow \mathbf{K}(\mathcal{R})$ 被称为是可测的，如果对任意开子集 $O \subset \mathcal{R}$，$F^{-1}(O) \in \mathcal{F}$。可测的集值映射也被称为集值随机变量。

如果对任意 $\omega \in \Omega$，几乎处处有 $F_1(\omega) = F_2(\omega)$，则称这两个集值随机变量相等。

定义 3-5-3 实值函数 f：$\Omega \rightarrow \mathcal{R}$ 被称为集值映射 F：$\Omega \rightarrow \mathbf{K}(\mathcal{R})$ 的一个选择，如果对所有 $\omega \in \Omega$，有 $f(\omega) \in F(\omega)$。f 被称为 F 的几乎处处选择，如果对所有 $\omega \in \Omega$，几乎处处有 $f(\omega) \in F(\omega)$。

定义 3-5-4 假设 F：$\Omega \rightarrow \mathbf{K}(\mathcal{R})$ 是集值映射，则下面的结论等价：

(1) F 是集值随机变量。

(2) F 存在可数个可测选择 $\{f_n: n \in \mathcal{N}\}$，满足 $F(\omega) = cl\{f_n(\omega): n \in \mathcal{N}\}$，对所有 $\omega \in \Omega$。

如果集值随机变量在一组区间中取值，我们可以称之为区间值随机变量。记 $U[\mathcal{R}, \mathbf{K}(\mathcal{R})]$ 为在 $\mathbf{K}(\mathcal{R})$ 上取值的所有区间值随机变量的全体。

对 $F(x) \in U[\mathcal{R}, \mathbf{K}(\mathcal{R})]$，$F(x) = [h^-(x), \ h^+(x)]$，其中 $h^-(x)$，$h^+(x)\ \mathcal{R}$ 上的随机变量，并且满足 $h^-(x) \leqslant h^+(x)$，$x \in R$。如果 $f(x)$ 是 $F(x)$ 的一个选择，即 $f(x) \in F(x)$，$\forall x \in \mathcal{R}$，则 $f(x)$ 是在属于 $F(x)$ 的一个区间上取值的随机变量。

三、新模型

首先，给出基本定义和假设，以描述本节要讨论的拍卖设计问题。

使用第一价格密封投标形式来拍卖一件物品。假设投标人的数量 $i \in$ {1，2，3，…，m}，不失一般性地，将他们记为 1，2，3，…，m，假设这件物品可能的估价属于区间 [0，1]。

卖方不知道投标人愿意为这件物品付多少费用。假定卖方对第 i 位投标人估价的不确定性可以用一个区间值随机变量来描述。特别地，令随机变量 $v_i^-(x)$，$x \in [0，1]$ 表示第 i 位投标人愿意出的最低价，而用 $v_i^+(x)$，$x \in [0，1]$ 来表示其愿意出的最高价。记 $v_i = [v_i^-(x)，v_i^+(x)]$，$x \in [0，1]$，则 $v_i(x)$：$[0，1] \to K([0，1])$ 是 $[0，1]$ 上的一个集值随机变量。卖方相信第 i 位投标人会选用 v_i 的一个可测选择作为竞标价，但对于 v_i 的可数个可测选择 $\{f_{in}: n \in \mathcal{N}\}$，他（她）不确定投标人究竟会选用哪一个。

假设第 i 位投标人的竞标价为 f_{ik_i}，其是 v_i 的一个选择，满足 $v_i^-(x) \leqslant f_{ik_i}(x) \leqslant v_i^+(x)$，$x \in [0，1]$，其中，$k_i$ 是 1，2，3，…，n 的任意值。记 $v_i^- = \min_{x \in [0，1]} f_{ik_i}(x)$ 和 $v_i^+ = \max_{x \in [0，1]} f_{ik_i}(x)$。令 g_i：$[v_i^-，v_i^+] \to \mathcal{R}^+$ 是估价 f_{ik_i} 的概率密度函数，其在 $[v_i^-，v_i^+]$ 上连续，并且满足 $g_i(t) \geqslant 0$，$t \in [v_i^-，v_i^+]$，并令 G_i：$[v_i^-，v_i^+] \to [0，1]$ 是关于 g_i 的累积分布函数。

显然，第 i 位投标人本人清楚知道自己的估价为 v_i 的一个确定的可测选择，其是 $[0，1]$ 上的一个已知的随机变量，而不是 $v_c = f_{ik_i} \in v_i$。令 $v^- = \min_{x \in [0，1]} v_c(x)$ 和 $v^+ = \max_{x \in [0，1]} v_c(x)$。记 g_i 为 v_c 的概率密度函数，G_i 是 g_i 的累积分布函数，于是有

$$G_i(b) = \int_{v^-}^{b} g_i(t) \, dt \qquad (3-59)$$

易知 $G_i(b)$ 为第 i 位投标人估价小于等于 b 的概率。我们可以用闭区间 $[v^-，v^+]$ 代换随机变量 v_c，于是第 i 位投标人的竞价可以记为 $v = [v^-，v^+] = \langle m_v; r_v \rangle$。

而且，可以假设第 i 位投标人采用和卖方相同的思路来评估其他竞标人的估价。其他竞标人的估价 $f_{jl_j}(x)$，$x \in [0，1]$，j = 1，2，3，…，m，$j \neq i$，以及 l_j 是集值随机变量 $v_j(x) = [v_j^-(x)，v_j^+(x)]$，$x \in [0，1]$ 的任意

可测选择，当然满足 $v_j^-(x) \leqslant f_{j|l_j}(x) \leqslant v_j^+(x)$，$x \in [0, 1]$。令 $v_j^- = \min\limits_{x \in [0,1]} f_{j|l_j}(x)$ 和 $v_j^+ = \max\limits_{x \in [0,1]} f_{j|l_j}(x)$。假设 $f_{j|l_j}$ 的连续概率密度函数分别为 g_j，满足 $g_j(t) \geqslant 0$，$t \in [v_j^-, v_j^+]$，$j=1, 2, 3, \cdots, m$，$j \neq i$，并令 G_j：$[v_j^-, v_j^+] \rightarrow [0, 1]$ 是关于密度函数 g_j 的累积分布函数。卖方和第 i 位投标人不知道第 j 位投标人对物品的确切估价 v_j，但确信第 j 位投标人会选用 v_j 的某个选择作为估价。换句话说，对于卖方和第 i 位投标人，$f_{j|l_j}(x)$，$x \in [0, 1]$，$j \neq i$ 是未知的。假设卖方和第 i 位投标人将第 j 位投标人的估价记为 $v_j(x) = [v_j^-(x), v_j^+(x)] = \langle m_{v_j}(x); r_{v_j}(x) \rangle$，$x \in [0, 1]$，$j \neq i$。

每位竞标人根据各自对物品的估价 $v = [v^-, v^+] = \langle m_v; r_v \rangle$ 来确定自己的投标策略 $b(v)$。投标人的估值只有自己私下知道，他们同时提交他们的出价。

假设一个典型投标人的估价为 v，投标价格为 b，这是他为了得到竞标物品而愿意支付的最高出价，其中 v 是区间数据。我们知道 v 和 b 之间的差异是他将获得的回报，表示为 $D(v, b)$。因此为了使期望利润最大化，此投标人自然会选择自己的竞标策略 b，即

$$\max_b D(v, b) \mathbf{P}(\text{win} \mid b) \tag{3-60}$$

其中，$\mathbf{P}(\text{win} \mid b)$ 是出价为 b 的竞标人获得竞标物品的概率。

下面，讨论几个关于上面新模型的问题。

第一，寻求一种计算 $D(v, b)$ 的方法。实际上，因为 $\mathcal{R}$ 的子空间关于加法和乘法不是线性空间，两个子集合的减法很难定义。因而，定义两个区间的减法是一件较为困难的事情。然而，利用 $K(\mathcal{R})$ 上的 d_p 距离，可以定义

$$D(v, b) = \begin{cases} d_2(v, b), & \text{if } b \leqslant m_v \\ -d_2(v, b), & \text{if } b > m_v \end{cases} \tag{3-61}$$

其中，m_v 是 v 的中点。另外，尽管我们利用区间值来表示第 i 位投标人的私人估价，但在我们的模型中他的竞标价是一个精确值，这可以让式（3-60）更接近实际拍卖情形。因此，当我们利用式（3-60）来寻求典型投标人 i 的竞标策略时，可得

$$D(v, b) = d_2(v, b) = d_2([v^-, v^+], [b, b])$$

第二，$\mathbf{P}(\text{win} \mid b)$ 是典型投标人 i 根据估价 v 出价 b、最后获得竞标物品的概率，可得

$$P(\text{win} \mid b) = P(b > b(v_j(x)))\, ,\ j \neq i = \prod_{j=1,\ j\neq i}^{m} \int_{v_j^-}^{b} g_j(t)\,dt = \prod_{j=1,\ j\neq i}^{m} G_j(b)$$

显然，此概率是定义在 $[0,1]$ 上的函数。于是式（3-60）可以写作

$$\max_{b} D(v,\ b) \prod_{j=1,\ j\neq i}^{m} G_j(b) \qquad (3\text{-}62)$$

第三，对典型投标人 i，他自己的估价是 $[0,1]$ 上的已知随机变量，那么怎么出价可以得到最大的期望回报？首先，根据式（3-61）为了得到正的收益，他不得不让出价高于 m_v，即 $b \leq m_v$。另外，他的出价必须满足 $b > v_j^-$，$j \neq i$，使得 $G_j(b) > 0$，$j \neq i$。可假设 $v^- = \max\{v_j^- j \neq i,\ j = 1, 2, 3, \cdots, m\}$，因而 $b > v^-$。综上，可以假设他的竞标策略

$$b = v^- + \theta r_v,\ 0 < \theta \leqslant 1 \qquad (3\text{-}63)$$

其中 r_v 是 v 的半径。类似地，假设其他竞标人有同样的竞标方式，即

$$b(v_j) = v_j^- + \theta r_{vj},\ 0 < \theta \leqslant 1$$

将式（3-63）代入式（3-62）可得：

$$\max_{\theta} D(v,\ v^- + \theta r_v) \prod_{j=1,\ j\neq i}^{m} G_j(v^- + \theta r_v)\, ,\ 0 < \theta \leqslant 1 \qquad (3\text{-}64)$$

其中

$$\begin{aligned}
D(v,\ v^- + \theta r_v) &= d_2([v^-,\ v^+],\ [v^- + \theta r_v,\ v^- + \theta r_v]) \\
&= d_2(\langle m_v;\ r_v \rangle,\ \langle m_v + (\theta-1) r_v;\ 0 \rangle) \\
&= \sqrt{2}\,(2 - 2\theta + \theta^2)^{\frac{1}{2}} r_v
\end{aligned}$$

进一步地，将式（3-64）改写为

$$\max_{\theta} \sqrt{2}\,(2 - 2\theta + \theta^2)^{\frac{1}{2}} r_v \prod_{j=1,\ j\neq i}^{m} G_j(v^- + \theta r_v)\, ,\ 0 < \theta \leqslant 1 \qquad (3\text{-}65)$$

四、最优投资策略

下面来讨论投标人的最佳投标策略。

在式（3-65）中，令

$$\pi(\theta) = (2 - 2\theta + \theta^2)^{\frac{1}{2}} \prod_{j=1,\ j\neq i}^{m} G_j(v^- + \theta r_v) \qquad (3\text{-}66)$$

则可得微分

$$\frac{d\pi}{d\theta} = (2 - 2\theta + \theta^2)^{-\frac{1}{2}} (\theta - 1) \prod_{j=1,\ j\neq i}^{m} G_j(v^- + \theta r_v) +$$

$$(2 - 2\theta + \theta^2)^{\frac{1}{2}r_v} \cdot \sum_{k=1,k\neq i}^{m} \left(gk(v^- + \theta r_v) \cdot \prod_{j=1,j\neq i,k}^{m} G_j(v^- + \theta r_v) \right)$$

令 $\dfrac{d\pi}{d\theta} = 0$，简记为

$$H(\theta) = \sum_{k=1,k\neq i}^{m} \left(gk(v^- + \theta r_v) \cdot \prod_{j=1,j\neq i,k}^{m} G_j(v^- + \theta r_v) \right)$$

可得下面关于 θ 的方程

$$(\theta - 1) = \prod_{j=1,j\neq i}^{m} G_j(v^- + \theta r_v) + (2 - 2\theta + \theta^2) r_v H(\theta) = 0 \quad (3-67)$$

显然，很难得到式（3-67）的解析解。然而，在某些假设下，使得式（3-67）成立的 θ 确实存在。记 $L(\theta)$ 为式（3-67）的左侧。一方面，显然有 $L(1) = r_v H(1) = r_v \sum_{k=1,k\neq i}^{m} \left(g_k(m_v) \cdot \prod_{j=1,j\neq i,k}^{m} G_j(m_v) \right) > 0$；另一方面，存在 θ^*，$0 < \theta^* < 1$，满足：如果

$$r_v < \frac{(1 - \theta^*) \prod\limits_{j=1,j\neq i}^{m} G_j(v^- + \theta^* r_v)}{(2 - 2\theta^* + \theta^{*2}) H(\theta^*)} \quad (3-68)$$

则 $L(\theta^*) < 0$。

于是，如果式（3-68）成立，则式（3-67）的解存在。不妨将其记为 θ^{**}，$\theta^* < \theta^{**} < 1$，满足 $\dfrac{d\pi}{d\theta}\big| \theta^{**} = 0$。可知 θ^{**} 是驻点。接下来，我们求二阶微分，它告诉我们 θ^{**} 到底是最小值还是最大值。

下面列举一个简单例子来解释式（3-68），并说明 θ^{**} 是式（3-65）的最优解。

令私人估价服从均匀分布，即假设第 i 位投标人之外的其他竞标人的估价为 $f_{jl_j}(x) \in v_j(x) = [v_j^-(x), v_j^+(x)]$，$x \in [0, 1]$，$j \neq i$，其概率密度函数分别为 $g_j(t) = \dfrac{1}{v_j^+ - v_j^-} = \dfrac{1}{2r_j}$，$t \in [v_j^-, v_j^+]$，$j \neq i$，则关于 g_j 的累积分布函数 $G_j(t) := \dfrac{t - v_j^-}{2r_j}$，$t \in [v_j^-, v_j^+]$，$j \neq i$，则有

$$\prod_{j=1,j\neq i}^{m} G_j(v^- + \theta r_v) = \prod_{j=1,j\neq i}^{m} \frac{v^- + \theta r_v - v_j^-}{2r_j} \quad (3-69)$$

和

$$H(\theta) = \sum_{k=1,\ k\neq i}^{m} \left(\frac{1}{2r_k} \cdot \prod_{j=1,\ j\neq i,\ k}^{m} \frac{v^- + \theta r_v - v_j^-}{2r_j} \right)$$

$$= \sum_{k=1,\ k\neq i}^{m} \frac{1}{v^- + \theta r_v - v_k^-} \cdot \prod_{j=1,\ j\neq i}^{m} \frac{v^- + \theta r_v - v_j^-}{2r_j} \qquad (3-70)$$

由式（3-69）和式（3-70），将式（3-68）写作

$$r_v < \frac{(1-\theta^*)}{(2-2\theta^* + \theta^{*2}) \sum_{k=1,\ k\neq i}^{m} \dfrac{1}{v^- + \theta^* r_v - v_k^-}} \qquad (3-71)$$

即可得

$$\frac{m-1}{v^- + \theta^* r_v} < \sum_{k=1, k\neq i}^{m} \frac{1}{v^- + \theta^* r_v - v_k^-} < \frac{(1-\theta^*)}{(2-2\theta^* + \theta^{*2}) r_v}$$

进一步由

$$m < 1 + \frac{(1-\theta^*)(v^- + \theta^* r_v)}{(2-2\theta^* + \theta^{*2}) r_v} \qquad (3-72)$$

从式（3-72）可得：事实上，式（3-68）是参与拍卖的竞标人数量的限制条件。

下面，将证明式（3-65）在这种情况下具有最优解。有

$$\pi(\theta) = (2-2\theta + \theta^2)^{\frac{1}{2}} \prod_{j=1, j\neq i}^{m} \frac{v^- + \theta r_v - v_j^-}{2r_j}$$

取微分

$$\frac{d\pi}{d\theta} = (2-2\theta + \theta^2)^{-\frac{1}{2}} (\theta - 1) \prod_{j=1, j\neq i}^{m} \frac{v^- + \theta r_v - v_j^-}{2r_j} +$$

$$(2-2\theta + \theta^2)^{\frac{1}{2}} r_v \cdot \sum_{k=1, k\neq i}^{m} \frac{1}{v^- + \theta r_v - v_k^-} \cdot \prod_{j=1, j\neq i}^{m} \frac{v^- + \theta r_v - v_j^-}{2r_j}$$

当式（3-71）成立时，存在 θ^{**}，$\theta^* < \theta^{**} < 1$ 满足 $\dfrac{d\pi}{d\theta}\big|_{\theta^{**}} = 0$。换句话说，$\theta^{**}$ 是下面方程

$$(\theta - 1) + (2-2\theta + \theta^2) r_v \cdot \sum_{k=1,\ k\neq i}^{m} \frac{1}{v^- + \theta r_v - v_k^-} = 0 \qquad (3-73)$$

的解。即

$$r_v = \frac{(1 - \theta^{**})}{(2 - 2\theta^{**} + \theta^{**2}) \sum_{k=1,k\neq i}^{m} \frac{1}{v^- + \theta^{**} r_v - v_k^-}} \qquad (3-74)$$

可知 θ^{**} 是驻点。接着取二阶微分

$$\frac{d^2\pi}{d\theta^2} = -(2 - 2\theta + \theta^2)^{-\frac{3}{2}}(\theta - 1)^2 \prod_{j=1,j\neq i}^{m} \frac{v^- + \theta r_v - v_j^-}{2r_j} +$$

$$(2 - 2\theta + \theta^2)^{-\frac{1}{2}} \prod_{j=1,j\neq i}^{m} \frac{v^- + \theta r_v - v_j^-}{2r_j} +$$

$$2(2 - 2\theta + \theta^2)^{-\frac{1}{2}}(\theta - 1) r_v \sum_{k=1,k\neq i}^{m} \frac{1}{v^- + \theta r_v - v_k^-} \cdot \prod_{j=1,j\neq i}^{m} \frac{v^- + \theta r_v - v_j^-}{2r_j} -$$

$$(2 - 2\theta + \theta^2)^{\frac{1}{2}} r_v^2 \sum_{k=1,k\neq i}^{m} \frac{1}{(v^- + \theta r_v - v_k^-)^2} \cdot \prod_{j=1,j\neq i}^{m} \frac{v^- + \theta r_v - v_j^-}{2r_j} +$$

$$(2 - 2\theta + \theta^2)^{\frac{1}{2}} r_v^2 \cdot \left(\sum_{k=1,k\neq i}^{m} \frac{1}{v^- + \theta r_v - v_k^-}\right)^2 \cdot \prod_{j=1,j\neq i}^{m} \frac{v^- + \theta r_v - v_j^-}{2r_j}$$

$$= (2 - 2\theta + \theta^2)^{-\frac{3}{2}} \prod_{j=1,j\neq i}^{m} \frac{v^- + \theta r_v - v_j^-}{2r_j} [-(\theta - 1)^2 + (2 - 2\theta + \theta^2) +$$

$$2(2 - 2\theta + \theta^2)(\theta - 1) r_v \sum_{k=1,k\neq i}^{m} \frac{1}{v^- + \theta r_v - v_k^-} -$$

$$(2 - 2\theta + \theta^2)^2 r_v^2 \cdot \sum_{k=1,k\neq i}^{m} \frac{1}{(v^- + \theta r_v - v_k^-)^2} +$$

$$(2 - 2\theta + \theta^2)^2 r_v^2 \cdot \left(\sum_{k=1,k\neq i}^{m} \frac{1}{v^- + \theta r_v - v_k^-}\right)^2]$$

$$= (2 - 2\theta + \theta^2)^{-\frac{3}{2}} \prod_{j=1,j\neq i}^{m} \frac{v^- + \theta r_v - v_j^-}{2r_j} \cdot$$

$$[1 + 2(2 - 2\theta + \theta^2)(\theta - 1) r_v \sum_{k=1,k\neq i}^{m} \frac{1}{v^- + \theta r_v - v_k^-} -$$

$$(2 - 2\theta + \theta^2)^2 r_v^2 \cdot \sum_{k=1,k\neq i}^{m} \frac{1}{(v^- + \theta r_v - v_k^-)^2} +$$

$$(2 - 2\theta + \theta^2)^2 r_v^2 \cdot \left(\sum_{k=1,k\neq i}^{m} \frac{1}{v^- + \theta r_v - v_k^-}\right)^2]$$

$$= (2 - 2\theta + \theta^2)^{-\frac{3}{2}} \prod_{j=1,j\neq i}^{m} \frac{v^- + \theta r_v - v_j^-}{2r_j} \cdot [1 + I_1 + I_2 + I_3]$$

$$= (2 - 2\theta + \theta^2)^{-\frac{3}{2}} \prod_{j=1, j \neq i}^{m} \frac{v^- + \theta r_v - v_j^-}{2r_j} \cdot \Gamma$$

由式（3-74），我们有 $I_1 \mid \theta^{**} = -2(1-\theta^{**})^2$ 和 $I_3 \mid \theta^{**} = (1-\theta^{**})^2$。另外，因为

$$\frac{1}{(v^- + \theta r_v - v_k^-)^2} > \frac{1}{(v^- + \theta r_v)^2}$$

和

$$2 - 2\theta + \theta^2 = 1 + (1-\theta)^2 \geqslant 2(1-\theta), \quad 0 < \theta < 1$$

有

$$I_2 < -4(1-\theta)^2 r_v^2 \cdot \frac{m-1}{(v^- + \theta r_v)^2}$$

随之，有

$$\Gamma \mid \theta^{**} < 1 - (1-\theta^{**})^2 - 4(1-\theta^{**})^2 r_v^2 \cdot \frac{m-1}{(v^- + \theta^{**} r_v)^2}$$

$$= \theta^{**}(2 - \theta^{**}) - 4(1-\theta^{**})^2 \frac{r_v^2(m-1)}{(v^- + \theta^{**} r_v)^2}$$

$$< 0$$

如果

$$m > 1 + \frac{\theta^{**}(2 - \theta^{**})(v^- + \theta^{**} r_v)^2}{4r_v^2(1-\theta^{**})^2} \tag{3-75}$$

当式（3-75）成立时，易知

$$\frac{d^2\pi}{d\theta^2} \mid \theta^{**} < 0$$

综上，如果式（3-71）和式（3-75）成立，则最有竞标策略存在，其可被记为 $v^- + \theta^{**} r_v$，$0 < \theta^* < \theta^{**} < 1$，其中 θ^{**} 是式（3-73）的解。

进一步地，下面我们将探讨卖方在拍卖中的期望收益。假设所有竞标人的出价皆为上面描述的实数值，分别为 b_i，$i = 1, 2, 3, \cdots, m$，则可得卖方的期望收益为

$$ER = \sum_{i=1}^{m} \int_{v_i^-}^{v_i^+} b_i P(win \mid b(v_i)) g_i(x) dx$$

$$= \sum_{i=1}^{m} \int_{v_i^-}^{v_i^+} b_i \prod_{j=1, j \neq i}^{m} G_j(b_i) \, g_i(x) \, dx \qquad (3-76)$$

从式（3-76）可知，卖方的收益与他估价的概率大小紧密相关。

五、结论

本节在区间值随机变量框架下构建了一个新的第一价格密封投标拍卖模型。

首先，定义了两个区间的"减法"的概念；其次，假设投标人的估价是区间值随机变量的一个可测选择，我们提出了新的第一价格密封投标拍卖模型，并讨论了模型的一些性质；最后，讨论了在新模型下竞标人的最优投标策略。

本节所建立和研究的模型与现有的第一价格密封投标拍卖模型相比，至少在两个方面存在不同。第一，现有的大多数拍卖文献都假设所有投标人都是信息对称的，即它们的估价都是具有相同概率密度函数的随机变量。在我们的模型中，投标人是不对称的，当然，这也意味着，在没有对称性的情况下求解最优投标策略比通常要困难得多。第二，在我们的模型中，由于不确定性投标人的估价是区间值数据，所以此模型是现有的第一价格密封投标拍卖模型的推广，其更能模拟现实经济中的不确定性。

第六节　一级价格密封拍卖中的佣金问题

一、引言

在众多拍卖方式中，一级价格密封拍卖是最为常见的拍卖形式（汪定伟，2014），是指多个竞买人以书面密封形式竞买拍卖标的，出价最高者以其报价获取拍卖品（保尔·米格罗姆，2006）。依据《中华人民共和国拍卖法》第五十六条的规定，拍卖人可以向委托人和买受人分别收取一定的佣金。在拍卖过程中，佣金的收取对拍卖结果有很重要的影响。

关于拍卖中佣金问题的理论研究结果仅有少许，而且前提条件都是：仅由买受人向拍卖人支付佣金，其为成交价乘以佣金率，而委托人不必支付佣金。王彦等（2004）在独立私人估价（IPV）拍卖模型的框架下，把买受人向拍卖人的佣金率引入一级和二级价格密封拍卖中，研究了佣金率对竞买人的报价以及对拍卖人、委托方和买受人的预期收益的影响，具体结论为：当佣金率增加时，竞买人的均衡报价减少但其均衡期望收益不变，进而委托人的预期收益降低，拍卖人的预期收益却增加。毕志伟和王彦（2005）进一步在关联价值拍卖模型下考察了有固定佣金率情形的一级和二级价格密封拍卖。Wang（2006）在 IPV 拍卖模型的框架下，假设佣金率与成交价之间是线性关系，研究了一级和二级价格密封拍卖的均衡投标策略、委托人和拍卖人的预期收益，并与佣金率为固定比例的情况做了比较。刘树林和杨卫星（2011）在 IPV 拍卖模型的框架下，研究了同时含有佣金率和保留价的第一价格密封拍卖模型，得到结论：买受人的均衡报价关于佣金率递减，但它关于保留价递增；买受人的预期收益与佣金率和保留价均呈反向变动；拍卖人应该在法规允许的范围内，设置一个最优佣金率，从而使自己的收益达到最大化。

从上面的文献综述中可知，现有的拍卖模型中的佣金仅指买受人向拍卖人支付的佣金。而拍卖实务中，拍卖人不仅向竞买人收取佣金，也向委托人收取佣金。因此，拍卖过程中的佣金同时涉及上述两个方面。所以有必要研究两类佣金率都存在时，对买受人、委托人和拍卖人的拍卖后果有何影响，进而指导拍卖实践活动。

本书假设买受人向拍卖人支付佣金，仿照前面文献的研究方法，将其定义为成交价乘以佣金率；同时假设委托人也向拍卖人支付佣金，将其定义为保留价乘以佣金率。保留价是拍卖成交价应达到的最低价格基数，是由委托人制定的。制定保留价是委托人维护自己利益的保证手段。但是，制定的保留价过高会给拍卖带来困难，甚至导致拍卖失败。拍卖人按照保留价的一定比例向委托人收取佣金，也可以防止委托人制定过高的、不合理的保留价，以保证拍卖活动的正常进行。

本书假设买受人向拍卖人的佣金率和委托人向拍卖人的佣金率两个参数同时存在，在独立私人估价拍卖模型的框架下，对一级价格密封拍卖模型进行扩展研究。首先求出对称的贝叶斯–纳什均衡投标策略；在假设其中一个参数外生给定时，分析另一个参数对拍卖结果的影响。特别是，本书首次提出了委托人向拍卖人的最优佣金率这一概念，这对拍卖的实践活动有一定的指导意义。

二、模型

委托人有一个不可分割的拍品，委托拍卖人采取一级价格密封拍卖方式出售拍品，设定保留价 r，并按照佣金率 α 向拍卖人支付佣金，佣金为佣金率 α 乘以保留价。

共用 n 个竞买人，分别记为 1，2，3，…，n。每个竞买人 i 仅知道自己对拍品的估价 v_i，委托人、拍卖人和其他竞买人都不知道 v_i 的具体值，把它看作一个随机变量。竞买人是对称的，即所有竞买人的估价独立地服从区间 [0，1] 上的相同的概率分布函数 F(v)，密度函数 f(v) 是正的、连续可微的，且满足 F(0)= 0 和 F(1)= 1。拍卖人按照佣金率 β 向买受人收取佣金，佣金为佣金率 β 乘以成交价。

假设竞买人、委托人和拍卖人均是风险中性的。

每个竞买人根据自己的估价 v 决定自己的报价 b(v)。下面来寻找对称的贝叶斯-纳什均衡投标策略。假设估价 v 低于 v^* 的竞买人的报价为零，即当 $v < v^*$ 时，有 b(v)= 0。我们有

$$b(v^*) = \frac{v^*}{1 + \beta} = (1 + \alpha)r \qquad (3-77)$$

其中，$v^* = (1 + \alpha)(1 + \beta)r$，式（3-77）即为投标策略满足的初始条件。

假设一个典型的竞买人的估价为 v，报价为 b，则她向拍卖人支付的佣金为 βb，（净）收益为 v-b-βb=v-(1+β)b。这个竞买人的期望收益为 π =[v - (1 + β)b] P(胜出)，从而她会选择报价 b 来极大化其期望收益：

$$\max_b \pi = \max_b [v - (1 + \beta)b] P(胜出) \qquad (3-78)$$

其中，P(胜出) 表示该竞买人成为买受人的概率。

三、投标策略

定理 3-6-1 考虑带有买受人向拍卖人的佣金率 α 和委托人向拍卖人的佣

金率 β 的一级价格密封拍卖模型（3-77）和模型（3-78），则得以下结论：

（1）对称的贝叶斯-纳什均衡投标策略为：

$$b(v; \alpha, \beta) = \frac{1}{1+\beta} \cdot \frac{1}{F^{n-1}(v)} \left[v^* F^{n-1}(v^*) + \int_{v^*}^{v} x d F^{n-1}(x) \right], \ v \geq v^*$$

（3-79）

其中，$v^* = (1+\alpha)(1+\beta) r$。

（2）均衡投标策略关于 α 递增，关于 β 递减。

（3）竞买人的预期收益与 α 和 β 呈反向变动。

证明：（1）由对称性，假设所有竞买人都采取出价策略 $b(\cdot)$。若竞买人 i 的估价为 v，而报价为 $b(x)$（即假设她按照估价 x 进行报价，而不是按照估价 v 进行报价），则其期望收益为

$$\pi(v, b(x)) = [v-(1+\beta)b(x)] P(胜出 \mid b(x))$$
$$= [v-(1+\beta)b(x)] P(b(x)>b(v_j), j \neq i)$$
$$= [v-(1+\beta)b(x)] F^{n-1}(x) \qquad (3-80)$$

由于 $b(\cdot)$ 是单增的均衡出价策略，所以式（3-80）在 x=v 时取得极大值。因此，有 $\frac{\partial \pi}{\partial x}\big|_{x=v}=0$，即有

$$(1+\beta) b'(v) = [v-(1+\beta)b(v)] (\ln F^{n-1}(v))' \qquad (3-81)$$

现在来求解式（3-81）。由于

$$b'(v) = -b(v)(\ln F^{n-1}(v))' \qquad (3-82)$$

解得式（3-82）的解为

$$b(v) = \frac{c}{F^{n-1}(v)}$$

令式（3-81）的一般解为 $b(v) = \frac{c(v)}{F^{n-1}(v)}$，将其代入式（3-81），得

$$c'(v) = \frac{v}{1+\beta}(F^{n-1}(v))'$$

即得

$$c(v) = \frac{1}{1+\beta} \int_{v^*}^{v} x d F^{n-1}(x) + c$$

于是，得式（3-81）的通解

$$b(v) = \frac{1}{1+\beta} \cdot \frac{1}{F^{n-1}(v)} \left[\int_{v^*}^{v} x d F^{n-1}(x) + c \right], \ v \geq v^* \qquad (3-83)$$

注意到初始条件为 $b(v^*) = \dfrac{v^*}{1+\beta}$ ，将其代入式（3-82），得式（3-81）的特解为式（3-79）。

（2）由式（3-79），可求得

$$\frac{\partial b(v;\ \alpha,\ \beta)}{\partial \alpha} = \frac{\partial b(v;\ \alpha,\ \beta)}{\partial v^*} \cdot \frac{\partial v^*}{\partial \alpha} = \frac{1}{1+\beta} \cdot \frac{F^{n-1}(v^*)}{F^{n-1}(v)} \cdot (1+\beta)\ r > 0$$

（注意 $\displaystyle\int_{v^*}^{v} x\, d\, F^{n-1}(x) = \int_{v^*}^{v} x\, (F^{n-1}(x))'dx.$）

和

$$\frac{\partial b(v;\ \alpha,\ \beta)}{\partial \beta} = -\frac{1}{(1+\beta)^2} \cdot \frac{1}{F^{n-1}(v)}\left[v^*\ F^{n-1}(v^*) + \int_{v^*}^{v} x\, d\, F^{n-1}(x)\right] +$$

$$\frac{1}{1+\beta} \cdot \frac{F^{n-1}(v^*)}{F^{n-1}(v)} \cdot (1+\alpha)r$$

$$= \frac{1}{1+\beta}\left[-b(v;\ \alpha,\ \beta) + \frac{F^{n-1}(v^*)}{F^{n-1}(v)} \cdot (1+\alpha)r\right]$$

$$\leqslant \frac{1}{1+\beta}[-b(v;\ \alpha,\ \beta) + (1+\alpha)r]\ (因为\ v \geqslant v^*)$$

$$= \frac{1}{1+\beta}[-b(v;\ \alpha,\ \beta) + b(v^*)]\ (因为\ v \geqslant v^*)$$

$$< 0$$

得证。

（3）将式（3-79）分步积分，可变形为

$$b(v;\ \alpha,\ \beta) = \frac{1}{1+\beta}\left[v - \frac{1}{F^{n-1}(v)}\int_{v^*}^{v} F^{n-1}(x)\, dx\right],\ v \geqslant v^*\quad (3-84)$$

将式（3-84）代入式（3-80），可得竞买人的预期收益为

$$\pi(v,\ b(v)) = \int_{v^*}^{v} F^{n-1}(x)\, dx,\ v \geqslant v^*$$

当佣金率 α 或者 β 提高时，注意到 $v^* = (1+\alpha)(1+\beta)\ r$，$v^*$ 也随之变大，可知上面等式右边的积分区间变小，从而结论（3）成立。

注：（i）由式（3-84）可得，

$$\frac{\partial b(v;\ \alpha,\ \beta)}{\partial v} = -\frac{1}{1+\beta} \cdot \frac{(n-1)f(v)}{F^n(v)}\int_{v^*}^{v} F^{n-1}(x)\, dx > 0,\ v \geqslant v^*$$

所以均衡投标策略 $b(v;\ \alpha,\ \beta)$ 是估价的严格递增函数，估价较高的投标

者对应的报价也较高。拍卖一旦成交，最高的估价者获胜，从而实现资源的有效配置。

（ii）委托人向拍卖人支付的佣金率增加，对竞买人来说相当于增加了保留价（由前文所述，竞买人的最低报价为 $b(v^*) = (1+\alpha)$ r）。由于均衡报价必须大于保留价，所以当保留价增加时，均衡报价也增加。

当买受人向拍卖人支付的佣金率提高时，为了获取非负收益，竞买人必须考虑谨慎报价并降低均衡报价。这个结论与王彦等（2004）、刘树林和杨卫星（2011）相同。

（iii）委托人向拍卖人支付的佣金率增加，导致买受人的均衡报价增加，进而其期望收益减少。买受人向拍卖人支付的佣金率增加，直接导致其期望收益减少。这个结论与刘树林和杨卫星（2011）相同。

四、最优佣金率

假设委托人的保留价 r 是外生给定的，考虑拍卖人的最优佣金率 α 和 β 的设置问题。

定理 3-6-1　考虑基于模型（3-77）和模型（3-78）的第一价格密封拍卖。给定委托人确定的保留价 r，则拍卖人的最优佣金率 α^* 和 β^* 满足以下方程组：

$$\begin{cases} n\beta F^{n-1}(w)(1-F(w)-wf(w))-n\alpha(1+\beta) r F^{n-1}(w)f(w)+(1-F^{n-1}(w))=0 \\ n(1+\alpha)\beta r F^{n-1}(w)(1-F(w)-wf(w))-n\alpha w F^{n-1}(w)f(w)+ \\ \dfrac{n}{1+\beta}\left[w F^{n-1}(w)(1-F(w))+\int_w^1 x(1-F(x))\,dF^{n-1}(x)\right]=0 \end{cases}$$

$$(3-85)$$

其中，$w=(1+\alpha^*)(1+\beta^*) r$。

证明：假设一个竞买人的估价为 v，报价为 b(v)，则他的期望支付为 $(1+\beta) b(v)F^{n-1}(v)$，其中委托人获得 $(b(v)-\alpha r) F^{n-1}(v)$，拍卖人获得 $(\beta b(v)+\alpha r) F^{n-1}(v)$。

如果拍卖成交，委托人的期望收益为

$$ER_1 = n\int_{v^*}^1 (b(v)-\alpha r) F^{n-1}(v) f(v)\,dv$$

$$= \dfrac{n}{1+\beta}\int_{v^*}^1\left[v^* F^{n-1}(v^*)+\int_{v^*}^v x\,dF^{n-1}(x)\right]f(v)\,dv - n\alpha r\int_{v^*}^1 F^{n-1}(v) f(v)\,dv$$

$$= \frac{n}{1+\beta} \cdot \left[v^* F^{n-1}(v^*)(1-F(v^*)) + \int_{v^*}^1 \left(\int_{v^*}^v x d\, F^{n-1}(x) \right) f(v)\, dv \right] - \alpha r(1 - F^n(v^*))$$

$$= \frac{n}{1+\beta} \cdot \left[v^* F^{n-1}(v^*)(1-F(v^*)) + \int_{v^*}^1 x \left(\int_x^1 f(v)\, dv \right) d\, F^{n-1}(x) \right] - \alpha r(1 - F^n(v^*))$$

$$= \frac{n}{1+\beta} \cdot \left[v^* F^{n-1}(v^*)(1-F(v^*)) + \int_{v^*}^1 x(1-F(x)) d\, F^{n-1}(x) \right] - \alpha r(1 - F^n(v^*))$$

而拍卖人获得的期望收益为

$$ER_2 = n\int_{v^*}^1 (\beta b(v) + \alpha r) F^{n-1}(v) f(v)\, dv$$

$$= \frac{n\beta}{1+\beta} \cdot \left[v^* F^{n-1}(v^*)(1-F(v^*)) + \int_{v^*}^1 x(1-F(x)) d\, F^{n-1}(x) \right] + \alpha r(1 - F^n(v^*))$$

为了书写方便，令 $L(v^*) = v^* F^{n-1}(v^*)(1-F(v^*)) + \int_{v^*}^1 x(1-F(x)) d\, F^{n-1}(x)$。则有

$$\frac{\partial ER_2}{\partial v^*} = \frac{n\beta}{1+\beta} \cdot \frac{\partial L(v^*)}{\partial v^*} - \alpha r (F^n(v^*))'$$

$$= \frac{n\beta}{1+\beta} \cdot F^{n-1}(v^*)(1-F(v^*)-v^* f(v^*)) - \alpha r (F^n(v^*))'$$

现在分别来求 ER_2 关于 α 和 β 的偏导数，得

$$\frac{\partial ER_2}{\partial \alpha} = \frac{\partial ER_2}{\partial v^*} \cdot \frac{\partial v^*}{\partial \alpha} + r(1-F^n(v^*)) = \frac{\partial ER_2}{\partial v^*} \cdot (1+\beta) r + r(1-F^n(v^*)),$$

$$(3-86)$$

和

$$\frac{\partial ER_2}{\partial \beta} = \frac{\partial ER_2}{\partial v^*} \cdot \frac{\partial v^*}{\partial \beta} + \frac{n}{(1+\beta)^2} L(v^*) = \frac{\partial ER_2}{\partial v^*} \cdot (1+\alpha) r + \frac{n}{(1+\beta)^2} L(v^*)$$

$$(3-87)$$

可得最优佣金率 α^* 和 β^* 满足的一阶必要条件，即在 $\alpha = \alpha^*$ 和 $\beta = \beta^*$ 处分别有 $\frac{\partial ER_2}{\partial \alpha} = 0$ 和 $\frac{\partial ER_2}{\partial \beta} = 0$。结合式（3-86）和式（3-87），可知 α^* 和 β^* 满足方程组（3-85）。

下面说明式（3-85）有解。令第一个方程的左边为 $H_1(w)$，则 $H_1(0)=1>0$，而 $H_1(1)=-n(\beta+\alpha(1+\beta)r)f(1)<0$，由零点存在定理知，此方程的解一定存在。同理，令第二个方程的左边为 $H_2(w)$，则 $H_2(0)=\dfrac{n}{1+\beta}\int_0^1 x(1-F(x))\,dF^{n-1}(x)>0$，而 $H_2(1)=-n(\alpha+(1+\alpha)\beta r)f(1)<0$，此方程的解一定存在。

五、结论

本节假设买受人向拍卖人支付佣金，将其定义为成交价乘以佣金率 β；同时假设委托人也向拍卖人支付佣金，将其定义为保留价乘以佣金率 α。将两个佣金率同时引入第一价格密封拍卖中，研究了对称的贝叶斯-纳什均衡投标策略，并得到以下结论：①均衡投标策略关于 α 递增，关于 β 递减；②竞买人的预期收益与 α 和 β 呈反向变动。另外，研究得出：拍卖人的最优佣金率存在并可求。

第四章

基于非线性期望的系统性风险度量

　　系统性风险与金融机构个体风险相比具有系统性、全局性、高传染性和明显的负外部性等特征。2007～2008 年国际金融危机的爆发使得系统性金融风险成为政府部门和学术界共同关注的焦点，此次金融危机不仅揭示了系统性风险对实体经济的严重冲击和影响，也证实了现有的风险测度与监控方法还无法有效防范金融风险的恶性演生及危机的发生。与此同时，随着我国经济、金融所面临的国际、国内环境日益复杂，"切实防范化解各类金融风险""确保不发生区域性、系统性金融风险"已成为我国政府与监管部门高度重视的问题与重要工作任务（宫晓琳等，2015）。总之，系统性风险管理方法的发展和完善，是我国及世界经济、金融平稳发展中亟须解决的问题。

　　为了防范系统性风险，对其加强宏观审慎监管是各界人士的共识。只有对其准确度量，才能进行有效监管。所以，对系统性风险进行准确度量是实施宏观审慎监管的前提条件。从某种程度上来说，不能准确度量系统性风险也是导致金融危机爆发的原因之一。目前，国内外学术界提出了多种系统性风险度量方法。然而，每一种度量方法都有一定的假定条件和适用范围，可能蕴藏着较大的模型风险；同时，现有的度量方法都只是从系统性风险的一个或者几个方面展开研究，无法全面地度量系统性风险（卜林和李政，2016）。可以遗憾地说，还没有一种系统性风险度量方法受到学术界和监管部门的普遍认可。系统性风险度量方法的研究将是今后较长时期的前沿热点。

　　对于金融机构，其资产价值的概率分布是预先无法确知的，因为商业风险中的"概率"不是精确测算得出的，仅是一个含有不确定性的估计值。未将不确定性纳入考量的经典概率统计理论在风险度量中的适用性是不完备的。而现存的风险度量方法都是以精确的先验概率为前提而建立的，这不符合金融现实，从而导致测度方法出现了各种不足。那么，现存的已在不同程度获得认可与应用的系统性风险度量方法所可能存在的核心问题是什么？针对现有风险度量方法的不足，有没有应对解决方案？不确定性是经济、金融数据的本质特征，能否构建涵纳不确定性的风险度量指标？金融机构间存在着怎样的关联关系？从单个机构的系统性风险贡献如何度量整个金融系统总的风险？对这些问题的准确回答，将是本章探求到达的目的。

第一节　我国系统性风险度量方法

一、系统性风险的定义

系统性风险目前在学术界还没有一个统一的定义，其可被认定为以较强强度发生系统性危机事件的风险。

系统性风险具有以下特点：首先，系统性风险具有全局性，其不只是关注单个金融机构，而是关注全部金融体系的风险。其次，单个金融机构或者某个市场遭遇冲击时，会产生连锁反应，进而导致金融体系内的其他金融机构或市场共同承担经济损失。另外，系统性风险具有溢出性和传染性，即系统性风险会将金融体系内部的风险溢出并传染给实体经济，进而破坏实体经济的发展。

为了有效监管系统性风险，由二十国集团峰会设立的金融稳定委员会（Financial Stability Board，FSB）将系统性风险定义为：由经济周期、国家宏观经济政策的变动、外部金融冲击等风险因素引起的一国金融体系发生激烈动荡的可能性，这种风险对国际金融体系和全球实体经济都会产生巨大的负外部性效应。FSB 认为，系统性风险只能通过有效的监管来防止其积累甚至爆发，无法对其消除。

二、研究现状

（一）单个金融机构的系统性风险贡献度

对于单个金融机构，学者们普遍采用金融市场上的各种高频数据，通过研究金融机构资产收益在统计上的尾部特征来度量系统性风险。这类方法依赖于金融数据，更关注尾部风险，并考虑到了金融体系内部的联动性和传染性。此类方法中，比较常用的有边际期望损失法（MES）、系统损失预期法（SES）、系统风险指数法（SRISK）和条件在险价值法（Co-VaR）。

假设共有 N 家金融机构，机构 i 在 t 时刻的收益率为r_{it}，机构 i 的市场份额为ω_i，则整个市场在 t 时刻的收益率$r_{m,t}$（m 表示市场）可以表示为：

$$r_{m,t} = \sum_{i=1}^{N} \omega_i r_{it}$$

Acharya 等（2010）将市场收益率低于临界值 C 时的预期收益率定义为条件期望损失（ES），并求其关于机构 i 的市场份额ω_i的偏导数，得到机构 i 对系统性风险的边际贡献，即机构 i 的 MES。ES 用公式表示如下：

$$ES_{m,t} = \mathbb{E}(r_{m,t}|r_{m,t} < C) = \sum_{i=1}^{N} \omega_i \mathbb{E}(r_{i,t}|r_{m,t} < C)$$

此时机构 i 的 MES 则为：

$$MES_{i,t}(C) = \frac{\partial ES_{m,t}}{\partial \omega_i} = \mathbb{E}(r_{i,t}|r_{m,t} < C)$$

在金融体系资本短缺时，资本短缺概率越大、资本缺口越大的金融机构，其 MES 越高，对体系系统性风险的贡献率也就越大。SES 和 SRISK 皆为 MES 的拓展：SES 相当于单个机构的 MES 和杠杆率的一个线性组合；SRISK 则是在长期 MES 的基础之上构建的，考虑到机构的资产和负债，结合审慎资本比率，计算得出的资本缺口。

CoVaR 是 Adrian 和 Brunnermeier（2011）提出的。我们知道，机构 i 在 $q \in (0, 1)$ 处的风险价值（VaR）可由下式计算得出：

$$\mathbb{P}(r_i \leq VaR_q^i) = q$$

其中，r_i表示机构 i 的资产收益率。易知，VaR_q^i为负值。风险价值（VaR）是一个分位数，它可以简单明了地将金融风险用一个数字来量化，便于风险管理，因此得到广泛的应用。然而，VaR 只能衡量单个机构的风险，不能考量金融机构之间乃至金融机构与市场之间的风险溢出效应。而 CoVaR 可以很好地度量金融机构之间的溢出效应。当机构 i 的资产收益率等于其 VaR 时，机构 j（或者金融体系）的条件在险价值 CoVaR 可以表示为：

$$\mathbb{P}(r_j \leqslant CoVaR_q^{j/i} \mid r_i = VaR_q^i) = q$$

进一步地，定义机构 i 对机构 j 的风险贡献为：

$$\Delta CoVaR_q^{j/i} = CoVaR_q^{j/i} - CoVaR_{0.5}^{j/i}$$

其中，$CoVaR_{0.5}^{j/i}$ 表示当机构 i 处于中值水平时机构 j 的 CoVaR。特别地，机构 i 对整个金融体系的风险贡献记为 $\Delta CoVaR_q^i$，其为

$$\Delta CoVaR_q^i = CoVaR_q^i - CoVaR_{0.5}^i$$

可见，$\Delta CoVaR$ 能够更好地刻画单个金融机构对系统性风险的贡献度。

除了上面介绍的关注尾部风险的风险度量方法之外，还有学者使用 Shapley 值法来度量单个金融机构的风险。各个机构被视为处于合作博弈中，因其规模、违约率等不同，而具有不同的 Shapley 值，体现出对系统性风险不同的贡献程度。但当机构较多时，Shapley 值的计算量较大。

（二）整体系统性风险的度量

与国外相比，我国的金融业发展起步较晚，金融衍生品市场尚不成熟，许多利用股票、债券数据的测度方法受限明显。因此，不少学者采用指标法来测度整体系统性风险的大小（李静婷等，2012；李文泓和林凯旋，2013）。

也有学者采用网络分析法来估计金融结构间的双边传染风险（马君潞等，2007；高国华和潘英丽，2012）。此方法以资产负债表为依据，其关键在于确定网络结构。网络结构一旦确定，就可以模拟考察单个结构的风险传染途径，而后通过假设违约损失率估计网络中破产机构的数量，从而得到系统总的风险度量。

此外，还有学者采用或有权益分析法（CCA）来度量我国银行体系的系统性风险（巴曙松等，2013；范小云、方意、王道平，2013）。CCA 方法的出发点源于 Merton（1973）的期权定价理论。基于此理论，CCA 方法利用银行的资产负债表，可以计算出隐含市场预期的资产价值和波动率，并由此得出违约概率、违约损失率、期望损失等机构债务风险指标。

三、不足之处

（一）微观层面上的不足

CoVaR 方法源于 VaR，计算简单，既能测度单个金融机构的风险，又

能准确度量金融机构之间的风险溢出效应。由于这些优点，CoVaR 方法应用广泛。但是，CoVaR 方法使用的前提条件是要知道资产收益的概率分布，这个条件在充满不确定性的实际金融市场中是不可能满足的。换句话说，利用概率分布刻画金融风险的 CoVaR 已不足够应用于风险管理。MES 方法也具有同样的不足。

（二）宏观层面上的不足

单个金融机构对系统总风险的贡献可能远远大于自身的风险。在系统性风险度量中，满足单个机构安全的微观审慎监管无法保障总体系的安全，需要宏观审慎监管来实现。

目前国内的研究中，对金融子系统的分析偏重于银行业，而且通常将市场分开考虑，缺乏从宏观审慎角度将金融系统作为一个关联紧密、动态发展的整体进行分析的研究成果。

（三）与国外的差距

国外已有的系统性风险度量方法，对金融市场的完善程度、数据可获得性等有很高的要求。而我国的金融市场发展起步较晚，存在着金融数据缺乏、金融数据连续性较差等客观问题。在引进国外系统性风险度量方法时，要对其进行修改或融合，使其适用于中国的金融体系。

第二节　几种常见的风险度量指标

一、基于分位数的风险度量指标

考虑一个概率空间（Ω，F，$\mathbb{P}$）以及在这个概率空间上所有随机变量的集合 $\mathcal{X}$，风险度量的目的是用某个数值 $\rho(X)$ 来测度风险资产 $X \in \mathcal{X}$ 的风险，所以任何风险度量 ρ 均是从集合 $\mathcal{X}$ 到实数集 **R** 的映射，即 $X \mapsto \rho(X) \in R$。

VaR（Value at Risk，风险价值）最早是由 JP 摩根公司用来测度市场风险的产物，也是最常用的风险度量。风险资产 X 在 $\alpha \in (0, 1)$ 处的 VaR 值定义为：

$$VaR_{\alpha}(X) = \inf\{x: S_X(x) \leq \alpha\}$$

其中，$S_X(x)$ 为 X 的生存函数，$S_X(x) = \mathbb{P}(X > x)$，$x \in R$。

实际上，VaR 只是某个置信水平下的分位点，因而它无法考察超过分位点的尾部风险信息，这会导致人们忽略小概率事件发生的巨额损失情形。更糟糕的是，VaR 不满足次可加性，这与"分散化投资可以降低风险"的风险规避策略相违背。

为了找寻满足次可加性的风险度量，Artzer 等（1999）提出了风险度量的公理化方法，并给出了一致风险度量（Coherent Risk Measure）的概念：

（A1）（正时齐性）对 a>0，有 $\rho(aX) = a\rho(X)$；

（A2）（平移不变性）对 $c \in R$，有 $\rho(X+c) = \rho(X) - c$；

（A3）（单调性）如果 $X \geq Y$，则有 $\rho(X) \leq \rho(Y)$；

（A4）（次可加性）对 X，$Y \in \mathcal{X}$，则有 $\rho(X+Y) \leq \rho(X) + \rho(Y)$。

在基于矩的风险度量中，Markowitz（1952）提出的方差完全从数学的角度对风险进行研究，它具有对收益和损失的对称性，并且不具有平移不变性、单调性和共单调可加性，无法控制造成最坏损失的情况。其中，共单调可加性为：

（A5）（共单调可加性）对 X，$Y \in \mathcal{X}$，并且 X，Y 是共单调的，则有 $\rho(X+Y) = \rho(X) + \rho(Y)$。

2003 年，Fischer 提出了基于矩的单边风险度量，定义为：

$$F_{q,a}(X) = -\mathbb{E}(X) + a \cdot \mathbb{E}^{\frac{1}{q}}[(X - E(X))_-^q]$$

其中，$Z_- = \max(-Z, 0)$，$0 \leq a \leq 1$，$1 \leq q < \infty$。可知，$F_{q,a}$ 是一致风险度量，但它不满足共单调可加性，这说明当投资组合中存在能够相互对冲的资产时，$F_{q,a}$ 将无法使用。

基于 VaR，Acerbi（2002）提出了条件风险值（CVaR）的概念，其定义为：

$$CVaR_{\alpha}(X) = \frac{1}{\alpha} \int_0^{\alpha} VaR_{\lambda}(X) \, d\lambda$$

CVaR 度量了风险值超过 VaR 的平均水平，其是一致风险度量。在有些文献中，CVaR 还被称为尾部风险值（Tail Value at Risk，TVaR）、平均风险值（Average Value at Risk，AVaR）或者期望亏损（Expected Shortfall，

ES）。

作为 CVaR 的推广，Acerbi（2002）进而又提出谱风险度量，其定义如下：

$$M_\phi(X) = \int_0^1 \phi(\lambda) \, VaR_\lambda(X) \, d\lambda$$

其中，ϕ 被称作谱，其是定义在 [0, 1] 上非负的、非增的、右连续的可积的函数，并且满足 $\int_0^1 \phi(\lambda) d\lambda = 1$。CVaR 显然是谱风险度量，其谱为 $\phi(\lambda) = \frac{1}{\alpha} 1_{[0,\alpha]}(\lambda)$。反过来，任何谱风险度量都能表示为 CVaR 的权重平均（Acerbi，2002）。特别地，令 $\phi_1(\lambda) = \frac{1}{\ln(1+\alpha)} \frac{1}{1+\lambda} 1_{[0,\alpha]}(\lambda)$ 和 $\phi_2(\lambda) = \frac{e^{-\lambda}}{1-e^{-\lambda}} 1_{[0,\alpha]}(\lambda)$，记

$$GM(X) = \int_0^1 \phi_1(\lambda) \, VaR_\lambda(X) \, d\lambda$$

和

$$EM(X) = \int_0^1 \phi_2(\lambda) \, VaR_\lambda(X) \, d\lambda$$

则 GM 和 EM 都是谱风险度量，分别被称为几何谱风险度量和指数谱风险度量。GM 和 EM 对越坏的事件越加重视，这不同于 CVaR 的平均化。

Cherny（2005）提出了加权 VaR（Weighted VaR，WVaR）的概念，其定义式为

$$WVaR_\psi(X) = \int_0^1 VaR_\lambda(X) \, \psi(d\lambda)$$

其中，ψ 是一个在 [0, 1] 上的测度。显然，WVaR 是 VaR 和 CVaR 的推广，当 ψ 为 Dirac 测度时，WVaR 就是 VaR；当 $\psi([0, \lambda]) = \frac{\lambda}{\alpha} \wedge 1$，$\lambda \in [0, 1]$，它即为 CVaR。

Belles-Sampera（2014）提出了 GlueVaR 风险度量，$GlueVaR_{\beta,\alpha}^{h_1,h_2}(X)$ 风险度量可以表示为 $CVaR_\alpha(X)$，$CVaR_\beta(X)$ 和 $VaR_\alpha(X)$ 的线性组合，即

$$GlueVaR_{\beta,\alpha}^{h_1,h_2}(X) = \omega_1 CVaR_\beta(X) + \omega_2 CVaR_\alpha(X) + \omega_3 VaR_\alpha(X)$$

且有

$$\begin{cases} \omega_1 = h_1 - \dfrac{(h_2 - h_1)}{\beta - \alpha}\beta \\ \omega_2 = \dfrac{(h_2 - h_1)}{\beta - \alpha}\alpha \\ \omega_3 = 1 - \omega_1 - \omega_2 \end{cases}$$

其中，$0 \leqslant \alpha \leqslant \beta \leqslant 1$，且 $0 \leqslant h_1 \leqslant h_1 \leqslant 1$。

二、扭曲风险度量指标

扭曲风险度量起始于 Yaari（1987）提出的风险选择对偶理论，Wang（1995）将此度量方法应用于金融保险领域。考虑函数 g：$[0, 1] \rightarrow [0, 1]$，其中 $g(0) = 0$，$g(1) = 1$，且 g 是非减函数，则称 g 为扭曲函数。对于风险资产 X，其扭曲风险度量定义为

$$\rho_g(X) = \int_{-\infty}^{0} [g(S_X(x)) - 1] dx + \int_{0}^{+\infty} g(S_X(x)) dx$$

如果函数 g 为凹函数，则 ρ_g 加重了消极事件上的权重而降低了积极事件上的权重。而且，由积分理论，可得

$$\rho_g(X) = \int_{-\infty}^{+\infty} x dg \cdot S_X(x) = \int_{0}^{1} \phi(\lambda) VaR_\lambda(X) d\lambda = M_\phi(X)$$

其中，扭曲函数 $g(u) = \int_{0}^{u} \phi(\lambda) d\lambda$，$u \in [0, 1]$。显然，函数 g 为凹函数，所以，凹扭曲风险度量 ρ_g 和谱风险度量是一致的（Adam 等，2008）。

基于以上可知，VaR 和 CVaR 均为扭曲风险度量。其中，VaR 的相关的扭曲函数为

$$g_{VaR}(u) = \begin{cases} 0, & 0 \leqslant u < \alpha \\ 1, & \alpha \leqslant u \leqslant 1 \end{cases}$$

CVaR 的相关的扭曲函数为

$$g_{CVaR}(u) = \begin{cases} \dfrac{u}{\alpha}, & 0 \leqslant u < \alpha \\ 1, & \alpha \leqslant u \leqslant 1 \end{cases}$$

GlueVaR 风险度量也是扭曲风险度量，与其相关的扭曲函数是

$$g_{GlueVaR}(u) = \begin{cases} \dfrac{h_1}{\beta}u, & 0 \leqslant u < \beta \\ h_1 + \dfrac{h_2 - h_1}{\beta - \alpha}(u - \beta), & \beta \leqslant u < \alpha \\ 1, & \alpha \leqslant u \leqslant 1 \end{cases}$$

其中 $0 \leqslant \alpha \leqslant \beta \leqslant 1$，且 $0 \leqslant h_1 \leqslant h_1 \leqslant 1$。

第三节　容度下的风险度量指标

准确度量风险是风险管理的首要环节。目前主流的金融风险度量方法如 VaR、CVaR 和 ES 都是以精确的先验概率为前提而建立的，都通过分析收益率分布来刻画金融风险；然而，这种传统方法不能很好地拟合经济、金融数据的诸如尖峰厚尾形态的真实分布，从而导致度量方法出现了各种不足。不确定性是经济、金融数据的本质特征，而 Choquet 期望理论即为一类有助于我们应对不确定性的科学研究。

相对于传统的概率测度而言，容度用较弱的单调性来代替可加性，是非可加的，关于容度的积分即 Choquet 期望是非线性的。容度和 Choquet 期望分别是概率测度和数学期望的合理推广。事实上，很多不确定的现象不能被可加概率或可加期望所解释，对于统计、风险管理中的很多问题都不具备可加性，因此可以通过容度和非线性期望来描述和解释这些不具备可加性的现象。近年来，容度和 Choquet 期望已经被成功应用于多目标决策、保险定价、风险管理等领域，其中一个最关键的原因就在于容度的非可加性和 Choquet 期望的非线性的特点：不仅可以描述单个变量的重要性，而且可以描述各变量间的交互作用。考虑到不确定性的存在，探索在容度框架下构建新的非线性风险度量指标，以便更准确地度量金融现实中的风险。

一、国内外研究现状

非线性期望理论的一个重要里程碑是 1953 年，法国科学院院士

Choquet 将 Lebesgue 积分的概念推广应用于非可加测度——容度，获得了一个很重要的非线性期望——Choquet 期望，并把容度和 Choquet 期望应用到位势论中。相对于传统的概率测度而言，容度用较弱的单调性来代替可加性。之后，关于容度和 Choquet 期望国内外学者得到许多深刻的理论结果，例如 Choquet 期望的表示定理（Schmeidler，1986）、共单调条件下的 Fubini 定理（Ghirardato，1997）、单调收敛定理、Fatou 引理、Lebesgue 控制收敛定理（Denneberg，1994，2002）。1989 年，Schmeidle 提出了容度框架下的 Choquet 期望效用理论，该理论可以解释 Allais 悖论和 Ellsberg 悖论。严加安院士与王增武博士（2005）对 Choquet 期望及其应用进行了系统的总结。Maccheroni 和 Marinacci（2005）利用集值随机变量的分布与 Choquet 容度的关系，给出了容度下的独立同分布随机变量序列的大数定律，大大简化了相同定理 Maccheroni 在 1999 年的证明。山东大学的陈增敬教授（2005）研究了上、下概率满足的不等式，这里的上、下概率是先验概率测度集的上、下确界，首次提出次凹容度的概念，并指出上、下概率是一对次凹容度。陈增敬（2010）得到了容度下的独立同分布的强大数定律与重对数律，证明了中心极限定理（2011），并在此基础上得到了容度下的一般的强大数定律的推广定理（2016）。Eichberger、Grant 和 Kelsey（2010）比较了三种更新准则在刻画 Choquet 期望效用动态相容性中的优劣。笔者得到了凹容度下的 Choquet 条件期望（2015）和 Fubini 定理（2016），修改了陈增敬教授率先提出的次凹容度的概念并研究了其 Choquet 期望的性质（2019）。

容度和 Choquet 期望最开始受到经济学家的关注始于 Shapley（1953）在研究合作博弈时的一篇论文。扭曲风险度量起始于 Yaari（1987）提出的风险选择对偶理论，Wang（1995）将此度量方法应用于金融保险领域。Epstein（1999）基于偏好关系给出了扭曲概率下的风险厌恶的定义及其一些刻画。严加安院士和宋永生博士（2006，2009）利用 Choquet 期望对风险度量的公理化系统进行了修改刻画。

综上可知，Choquet 期望理论及其在风险度量中的应用已有丰富的研究成果，但到目前为止，涵纳不确定性的非线性风险度量指标的研究还很少。我们知道，常用的风险度量方法：VaR、尾部风险值 TVaR（Acerbi，2002），GlueVaR 风险度量（Belles-Sampera，2014）等，都是以精确的先验概率为前提而建立的，这不符合金融现实，从而导致测度方法出现了各种不足。

本章将在容度框架下构建涵纳不确定性的风险度量指标。

二、容度框架下的风险度量指标

对 $X \in L^\infty$，记 $S_{\mu,X}(x) \equiv \mu(X>x)$，$x \in R$。称 $S_{\mu,X}$ 为 X 关于 μ 的生存函数。X 关于 μ 的分位函数记作 $\check{S}_{\mu,X}$：$[0, 1] \rightarrow R$，其满足

$$\check{S}_{\mu,X}^-(t) \leq \check{S}_{\mu,X}(t) \leq \check{S}_{\mu,X}^+(t)，\forall t \in [0, 1]$$

其中，$\check{S}_{\mu,X}^-(t) \equiv \sup\{x \mid S_{\mu,X}(x) > t\}$，$\check{S}_{\mu,X}^+(t) \equiv \sup\{x \mid S_{\mu,X}(x) \geq t\}$，分别称 $\check{S}_{\mu,X}^-$ 和 $\check{S}_{\mu,X}^+$ 为 X 关于 μ 的下、上分位函数。

定义 4-3-1 对 $X \in L^\infty$，其在 $\alpha \in (0, 1)$ 处关于 μ 的 VaR 值定义为：

$$\text{VaR}_{\mu,\alpha}(X)：= \check{S}_{\mu,X}^-(\alpha) = \inf\{x：S_{\mu,X}(x) \leq \alpha\}$$

相应的条件风险值 CVaR 为：

$$\text{CVaR}_{\mu,\alpha}(X) = \frac{1}{\alpha} \int_0^\alpha \text{VaR}_{\mu,\lambda}(X) \, d\lambda$$

注 4-3-1 对 $X \in L^\infty$，我们有

$$\lim_{\alpha \downarrow 0} \text{VaR}_{\mu,\alpha}(X) = \inf\{x：S_{\mu,X}(x) \leq 0\}$$

因此，可定义

$$\text{CVaR}_{\mu,0}(X)：= \text{VaR}_{\mu,0}(X)：= \inf\{x：S_{\mu,X}(x) \leq 0\} = \sup\{x：S_{\mu,X}(x) > 0\}$$

定义 4-3-2 令 ψ 是 $[0, 1]$ 上的概率测度。对 $X \in L^\infty$，其关于 μ 的加权 VaR 定义为

$$\text{WVaR}_{\mu,\psi}(X) = \int_0^1 \text{CVaR}_{\mu,\lambda}(X) \psi(d\lambda)$$

其中，ψ 是一个在 $[0, 1]$ 上的测度。

下面来研究上面定义的加权 VaR 和扭曲风险度量之间的关系。

如果 g 是扭曲函数，μ 是凹容度，则 g。μ 也是凹容度。

引理 4-3-1

$$g'_+(t) = \int_t^1 \frac{1}{s} \psi(ds)，t \in (0, 1)$$

定义了一个 $[0, 1]$ 上的概率测度 ψ 和凹扭曲函数 g 的一一对应。而且，有 $g(0+) = \psi(\{0\})$。

定理 4-3-1　令 ψ 是 $[0，1]$ 上的概率测度，g 是凹的扭曲函数。ψ 和 g 的关系由引理 4-3-1 给出。对 $X \in L^\infty$，其关于 μ 的 WVaR 可表示为

$$\text{WVaR}_{\mu,\psi}(X) = g(0+)\text{CVaR}_{\mu,0}(X) + \int_0^1 \check{S}_{\mu,X}(t)\,g'(t)\,dt$$

$$= \int_{-\infty}^0 [g(S_{\mu,X}(x))-1]\,dx + \int_0^{+\infty} g(S_{\mu,X}(x))\,dx$$

证明： 对第一个等式，由关于容度的 WVaR 的定义和 $g(0+) = \psi(\{0\})$，有 $\text{WVaR}_{\mu,\psi}(X) = g(0+)\text{CVaR}_{\mu,0}(X) + \int_{(0,1]} \text{CVaR}_{\mu,\lambda}(X)\,\psi(d\lambda)$

利用引理 4-3-1 和 Fubini 定理，由于 $\text{VaR}_{\mu,\alpha}(X) = \check{S}^-_{\mu,X}(\alpha)$ 在除了至多可数集之外和 X 关于 μ 的分位函数相等，可得

$$\int_{(0,1]} \text{CVaR}_{\mu,\lambda}(X)\,\psi(d\lambda)$$

$$= \int_{(0,1]} \frac{1}{\lambda}\int_0^\lambda \text{VaR}_{\mu,t}(X)\,dt\,\psi(d\lambda)$$

$$= \int_0^1 \text{VaR}_{\mu,t}(X)\int_{(t,1]} \frac{1}{\lambda}\psi(d\lambda)\,dt$$

$$= \int_0^1 \check{S}^-_{\mu,X}(t)\int_{(t,1]} \frac{1}{\lambda}\psi(d\lambda)\,dt$$

$$= \int_0^1 \check{S}_{\mu,X}(t)\,g'(t)\,dt$$

对第二个等式，首先考虑 $X \geq 0$ 的情形。对上分位函数

$$\check{S}^+_{\mu,X}(t) \equiv \sup\{x \geq 0 \,|\, S_{\mu,X}(x) \geq t\} = \int_0^{+\infty} 1_{\{S_{\mu,X}(x)\geq t\}}\,dx$$

因为 $\int_0^y g'(t)\,dt = (g(y)-g(0+))1_{\{y>0\}}$，由 Fubini 定理和注 4-3-1，可得

$$\int_0^1 \check{S}_{\mu,X}(t)\,g'(t)\,dt = \int_0^1\int_0^{+\infty} 1_{\{S_{\mu,X}(x)\geq t\}}\,dx\,g'(t)\,dt$$

$$= \int_0^{+\infty}\int_0^1 1_{\{S_{\mu,X}(x)\geq t\}}\,g'(t)\,dt\,dx$$

$$= \int_0^{+\infty} g(S_{\mu,X}(x))\,dx - g(0+)\int_0^{+\infty} 1_{\{S_{\mu,X}(x)>0\}}\,dx$$

$$= \int_0^{+\infty} g(S_{\mu,X}(x))\,dx - g(0+)\inf\{x: S_{\mu,X}(x)\leq 0\}$$

$$= \int_0^{+\infty} g(S_{\mu, X}(x)) dx - g(0+) CVaR_{\mu, 0}(X)$$

可得，当 $X \geq 0$ 时第二个等式成立。

进一步地，对任意 $X \in L^\infty$，考虑 $X + C$，其中 $C: = -\inf X$。显然，$WVaR_{\mu, \psi}(\cdot)$ 满足转移不变性，于是可得

$$C + WVaR_{\mu, \psi}(X) = WVaR_{\mu, \psi}(X + C)$$

$$= \int_0^{+\infty} g(S_{\mu, X}(x - C)) dx$$

$$= \int_{-C}^0 g(S_{\mu, X}(x)) dx + \int_0^{+\infty} g(S_{\mu, X}(x)) dx$$

$$= C + \int_{-\infty}^0 [g(S_{\mu, X}(x)) - 1] dx + \int_0^{+\infty} g(S_{\mu, X}(x)) dx$$

所以，对任意 $X \in L^\infty$，结论成立。

注 4-3-2　对 $X \in L^\infty$，其关于 μ 的加权 VaR 为凹扭曲度量。

三、容度框架下的正态分布

假设（Ω，F）为可测空间。从容度的定义可知，相较于经典概率，容度用较弱的单调性来代替可加性，是非可加的。

容度的凹、凸性与决策者对市场不确定性的态度有关（Schmeidler，1989）：容度是凹的，说明决策者为不确定厌恶；容度是凸的，说明决策者为不确定喜好。

随机变量 X 是（Borel）可测函数 X：（Ω，F）$\rightarrow$（R，B（R）），其中 B(R) 是实数集 **R** 的 Borel σ-域。有界随机变量 X 关于容度的积分是由 Choquet（1953）给出的，也被称为 Choquet 期望。

定义 4-3-3　有界随机变量 X 在 $A \in F$ 上关于容度 μ 的 Choquet 积分（Choquet 期望）定义为

$$(C) \int_A X d\mu = \int_0^{+\infty} \mu(A \cap \{X \leq t\}) dt + \int_{-\infty}^0 [\mu(A \cap \{X \leq t\}) - 1] dt$$

其中，右边的所有积分都是 Lebesgue 意义下的。

注：（1）如果 μ 为一概率测度，则 Choquet 积分退化为经典的数学期望。

（2）X 在 Ω 上关于容度 μ 的 Choquet 积分简记为 $(C) \int f d\mu$。

（3）假定可测函数 X 为简单函数，即 $X = \sum_{i=1}^{n} x_i 1_{A_i}$，其中，$\bigcup_{i=1}^{n} A_i = \Omega$，$A_i \cap A_j = \emptyset$，$\forall_{i \neq j}$，且 $\{x_i\}$ 按降序排列即 $x_1 \geq x_2 \geq x_3 \cdots \geq x_n$，则

$$(C)\int X d\mu = \sum_{i=1}^{n} (x_i - x_j)\mu(S_i) = \sum_{i=1}^{n} x_i(\mu(S_i) - \mu(S_{i-1}))$$

其中，$S_i = A_1 \cup \cdots \cup A_i$，$i = 1, 2, 3\cdots, n$，$S_0 = \emptyset$ 且 $x_{n+1} = 0$。

下面给出 Choquet 随机游走的概念（Kast, Lapied and Roubaud, 2014）。

定义 4-3-4 假设在 t 时刻的状态为 s_t，$0 \leq t \leq T$，在下一个时刻只有两种可能，以相同的容度上升到状态 s_{t+1}^u 或者下降到状态 s_{t+1}^d，"上升"和"下降"的容度记为

$$\mu(s_{t+1}^u \mid s_t) = \mu(s_{t+1}^d \mid s_t) = c$$

其中，c 是一个常数，表示决策者对 t+1 时刻可能出现状态的不确定性的态度，0<c<1。

容度 c 由决策者的不确定性喜好态度决定，是主观数据，可以利用历史资料、经济数据来获取容度的信息（So, 2017）。当 $c < \frac{1}{2}$ 时，说明决策者对下一时刻出现状态的不确定性持厌恶态度；相反，当 $c > \frac{1}{2}$ 时，说明决策者对下一时刻出现状态的不确定性持喜好态度。特别地，当 $c = \frac{1}{2}$ 时，Choquet 随机游走即为经典随机游走过程。

性质 4-3-1 在动态相容 Choquet 随机游走中，容度 μ 是凸的当且仅当常数 $c \leq \frac{1}{2}$。

Trautman 和 Van（2013）研究发现：有足够多、足够有力的证据表明，大多数决策者持不确定性厌恶态度。所以，下面我们都是在 $c \leq \frac{1}{2}$ 情形下开展研究的。

Choquet 随机游走与经典离散二叉树模型的区别是：任意价格节点处，经过一个时间区间以后，资产价格上涨的概率、下降的概率皆用一个相同的容度来代替，其中，容度的取值与投资者的不确定性厌恶程度有关。二

叉树模型中，Δt 时间之后资产价格分别以概率 $\frac{1}{2}$ 上升或下降；而 Choquet 随机游走中，Δt 时间之后资产价格分别以概率 c 上升或者下降，但 c 是个未知数。实际上，相比二叉树模型，Choquet 随机游走更能准确地模拟风险资产的价格变动过程。这是因为，现实的经济、金融问题中，存在着 Knight 不确定性，风险和 Knight 不确定性可以分解为随机性和模糊性两个部分，也就是说，影响价格大小的因素不仅具有随机性还具有模糊性。二叉树模型仅考虑了资产价格的随机性，而忽略了模糊性；Choquet 随机游走用容度 c 来刻画决策者的不确定性态度，正好既考虑了资产价格变化的随机性又考虑了模糊性，恰好弥补了二叉树模型的不足。

  Choquet 随机游走可以用来模拟离散情形下的风险资产的价格变动过程，那么，连续情形下的状况如何呢？下面介绍 Choquet 布朗运动的概念（Kast，Lapied & Roubaud，2014）。

  定义 4-3-5 当时间区间趋于 0 时，称 Choquet 随机游走的极限过程为 Choquet 布朗运动，其为漂移率 $m = 2c - 1$，方差率 $s^2 = 4c(1-c)$ 的维纳过程。

  如果用 W_t 来表示 Choquet 布朗运动，由其定义可知：Choquet 布朗运动可以表示如下：

$$dW_t = mdt + sdB_t \quad (*)$$

  其中，B_t 为标准维纳过程，$m = 2c - 1$，$s^2 = 4c(1-c)$。

  对于从时间零点开始的时间区间 $[0, T]$，B_t 在该区间的变化量为 $B_T - B_0$，通常假定 $B_0 = 0$，并根据 B_t 的定义，可知 B_T 服从正态分布，均值为 0，方差为 T，即 $B_T \sim N(0, T)$。

  类似地，W_t 在区间 $[0, T]$ 的变化量为 $W_T - W_0 = W_T = mT + s B_T$。假设 W_T 服从 Choquet 正态分布，均值为 0，方差为 T，记为 $W_T \sim N_C(0, T)$。

  由于 $mT + s B_T \sim N_C(0, T)$，并且 $B_T \sim N(0, T)$，可知

$$mT + sN(0, T) = N_C(0, T)$$

  其中，令 $T = 1$，可得 Choquet 标准正态分布与正态分布的关系，即

$$N_C(0, 1) = m + sN(0, T) = N(m, s^2)$$

  当容度值 $c\left(c \leqslant \frac{1}{2}\right)$ 取不同值时，Choquet 标准正态分布的形状不同，见图 4-1。

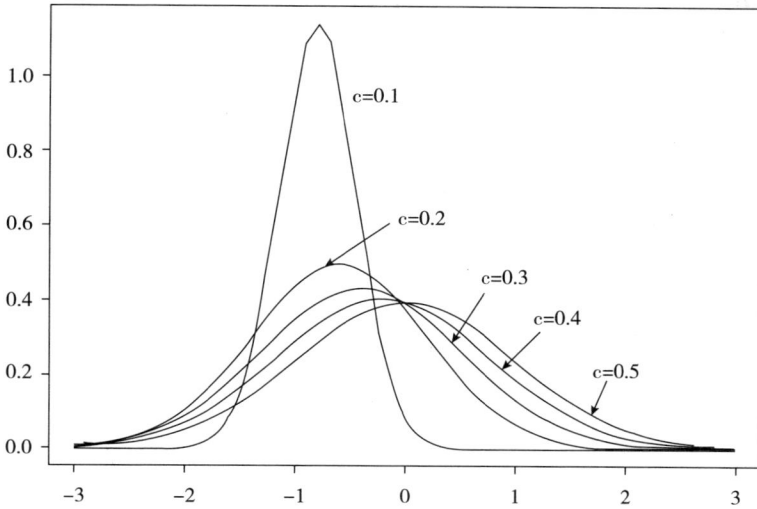

图 4-1　Choquet 标准正态分布的密度函数

容度值 c 越接近于 0.5，Choquet 标准正态分布离标准正态分布越近；特别地，当 c=0.5 时，Choquet 标准正态分布即为标准正态分布。

四、容度框架下资产收益率的分布

为了研究不确定性对风险度量的影响，我们进一步用上面的维纳过程来模拟风险资产的价格运动过程。假设 S_t 表示某风险资产在 t 时刻的价格，其可以用下面的模型来模拟：

$$\frac{d S_t}{S_t} = \nu dt + \sigma d W_t$$

其中，ν 表示资产以连续复利表示的年预期收益率；σ 表示资产年收益率的标准差，简称资产价格的波动率。进一步地，有

$$\frac{d S_t}{S_t} = (\nu + m\sigma) dt + s\sigma dB_t \qquad (4-1)$$

实际上，以往我们通常都是假设资产价格服从下面的伊藤过程：

$$\frac{d S_t}{S_t} = \nu dt + \sigma dB_t \qquad (4-2)$$

式（4-1）和式（4-2）相比较，资产价格的期望收益率由 ν 变为 $\nu+m\sigma$、波动率由 σ 变为 $s\sigma$。显然，式（4-1）的漂移率系数和波动率系数皆为容度值 c 的函数，所以，漂移率系数和波动率系数的取值也皆与决策者对市场不确定性的厌恶情绪有关。此时，如果决策者持不确定性厌恶态度，即当 $0<c\leqslant\frac{1}{2}$ 时，有 $-1<m<0$，$0<s<1$，所以 $\nu+m\sigma<\nu$，$0<s\sigma<\sigma$，即容度框架下资产价格运动过程的漂移率系数和波动率系数皆小于以往研究中模型的漂移率和波动率。

为了书写简单，令资产价格的变化过程为 $dS=(\nu+m\sigma)Sdt+s\sigma SdB$，其衍生产品的价格是标的资产价格 S 和时间 t 的函数，因此根据伊藤引理，衍生产品的价格 V 遵循如下过程：

$$dV=\left(\frac{\partial V}{\partial S}(\nu+m\sigma)S+\frac{\partial V}{\partial t}+\frac{1}{2}\frac{\partial^2 V}{\partial^2 S}s^2\sigma^2 S^2\right)dt+\frac{\partial V}{\partial S}s\sigma SdB \qquad (4-3)$$

根据伊藤引理，可以推导出资产价格的对数 $V=\ln S$ 的变化所遵循的随机过程。由于

$$\frac{\partial V}{\partial S}=\frac{1}{S},\quad \frac{\partial^2 V}{\partial^2 S}=-\frac{1}{S^2},\quad \frac{\partial V}{\partial t}=0$$

将其代入式（4-3）中，可得资产价格的对数 $V=\ln S$ 遵循一般维纳过程，即

$$dV=\left(\nu+m\sigma-\frac{1}{2}s^2\sigma^2\right)dt+s\sigma dB$$

易知，$V=\ln S$ 的漂移率为 $\nu+m\sigma-\frac{1}{2}s^2\sigma^2$，波动率为 $s\sigma$，两者皆为容度值 c 的函数。

令 V 在时间零点的值为 $\ln S_0$，在将来某一时刻 T 的值为 $\ln S_T$，可知 V 在时期 T 的变化量 $\ln S_T-\ln S_0$ 服从正态分布，即

$$\ln S_T-\ln S_0 \sim N\left[\left(\nu+m\sigma-\frac{1}{2}s^2\sigma^2\right)T,\ s^2\sigma^2 T\right] \qquad (4-4)$$

下面讨论容度框架下资产收益率的分布。风险资产从当前零时刻到时刻 T 的连续复利年收益率满足下式：

$$S_T=S_0 e^{rT}$$

则资产的连续复利年收益率 r 可以表示为

$$r = \frac{1}{T} \ln \frac{S_T}{S_0}$$

由式（4-4）易知，收益率 r 也服从正态分布，即

$$r \sim N\left[\nu + m\sigma - \frac{1}{2}s^2\sigma^2, \ \frac{s^2\sigma^2}{T}\right] \tag{4-5}$$

回顾以往，我们通常采用式（4-2）来表示资产价格的变化过程，当时的资产年收益率服从如下的正态分布：

$$r \sim N\left[\nu - \frac{1}{2}\sigma^2, \ \frac{\sigma^2}{T}\right] \tag{4-6}$$

五、容度框架下的风险度量

1. 容度框架下 VaR 和 ES 的计算

首先，来讨论容度框架下风险度量指标的计算。

假设风险资产的收益率用概率空间 $(\Omega, \mathcal{F}, \mathbb{P})$ 上的随机变量 r 来表示，其在 $q \in (0, 1)$ 处的风险价值（VaR）可由下式计算得出：

$$\mathbb{P}(r \leq VaR_q) = q$$

根据定义可知，VaR 就是随机变量在 $q \in (0, 1)$ 处的分位点，其简单容易计算，因此得到广泛的应用。风险价值 VaR 虽然计算简单，但它仅是一个分位点值，因而对超过分位点的尾部风险无能为力，这无疑会导致人们忽略小概率事件造成的危害性。更糟糕的是，VaR 不满足次可加性，这违背了风险规避策略：分散化投资可以降低风险。

Artzer 等（1999）提出了风险度量的公理化方法，并给出一致性风险度量（Coherent Risk Measure）的概念：满足正时齐性、平移不变性、单调性和次可加性的风险度量为一致性风险度量。接着，基于 VaR、Acerbi（2002）提出了期望损失（Expected Shortfall，ES）的概念，又称条件风险价值（Conditional VaR）或者期望尾部损失（Expected Tail Loss），测度了风险值超过 VaR 的平均水平，其是一致性风险度量。ES 的定义如下：

$$ES_q = \frac{1}{q}\mathbb{E}\left[r \mid r \leq VaR_q\right]$$

下面讨论 VaR 和 ES 的计算。假设风险资产在 t 时刻的价格用 S_t 表示，其可用此模型来模拟：$\frac{dS_t}{S_t} = \nu dt + \sigma dW_t$，其中，$W_t$ 为 Choquet 标准布朗运动。

进一步可知，S_t 满足几何布朗运动

$$\frac{dS_t}{S_t} = (\nu + m\sigma)\,dt + s\sigma dB_t$$

由伊藤引理，即有

$$d\ln S_t = \left(\nu + m\sigma - \frac{1}{2}s^2\sigma^2\right)dt + s\sigma dB_t \qquad (4-7)$$

由于我们观察到的是风险资产每天的收盘价，因此对式（4-7）离散化，可得

$$\ln S_{t+\Delta t} - \ln S_t = \left(\nu + m\sigma - \frac{1}{2}s^2\sigma^2\right)\Delta t + s\sigma\sqrt{\Delta t}\,\varepsilon$$

其中，ε 服从标准正态分布。假设一年中金融资产的交易天数为 N，如果将 [0，1] 分为 N 段，则有

$$\ln S_{\frac{i}{N}} - \ln S_{\frac{i-1}{N}} = \left(\nu + m\sigma - \frac{1}{2}s^2\sigma^2\right)\cdot\frac{1}{N} + s\sigma\sqrt{\frac{1}{N}}\,\varepsilon$$

此式反映了相邻两个交易日资产价格的对数之间的关系。

记 $r_{\frac{i}{N}} = \ln S_{\frac{i}{N}} - \ln S_{\frac{i-1}{N}}$，则有

$$r_{\frac{i}{N}} \sim N\left[\left(\nu + m\sigma - \frac{1}{2}s^2\sigma^2\right)\cdot\frac{1}{N},\ \frac{s^2\sigma^2}{N}\right]$$

于是，风险价值

$$VaR_q = \left(\nu + m\sigma - \frac{1}{2}s^2\sigma^2\right)\cdot\frac{1}{N} + \frac{s\sigma}{\sqrt{N}}u_q \qquad (4-8)$$

其中，u_q 为 q 的标准正态分布的下侧分位数。将 VaR_q 简记为 $VaR_q = a + b\,u_q$，其中，$a = \left(\nu + m\sigma - \frac{1}{2}s^2\sigma^2\right)\cdot\frac{1}{N}$，$b = \frac{s\sigma}{\sqrt{N}}$。

下面考虑期望损失的计算方法。由 ES 的定义，得

$$ES_q = \frac{1}{q}\mathbb{E}[r\,|\,r \leqslant VaR_q] = \frac{1}{q}\mathbb{E}[r\,|\,r \leqslant a + b\,u_q]$$

$$= \frac{1}{q}\mathbb{E}\left[r\,\Big|\,\frac{r-a}{b} \leqslant u_q\right] = \frac{1}{q}\mathbb{E}[a + bX\,|\,X \leqslant u_q]\ \left(\diamondsuit\,X = \frac{r-a}{b}\right)$$

$$= \frac{a}{q}\mathbb{P}(X \leqslant u_q) + \frac{b}{q}\mathbb{E}[X\,|\,X \leqslant u_q]\,(X\text{服从标准正态分布})$$

$$= a + \frac{b}{q}\int_{-\infty}^{u_q}x\varphi(x)\,dx\,(\varphi\text{为标准正态分布密度函数})$$

$$= a + \frac{b}{q} \varphi(u_q) = \left(\nu + m\sigma - \frac{1}{2} s^2 \sigma^2 \right) \cdot \frac{1}{N} + \frac{s\sigma}{q\sqrt{N}} \varphi(u_q) \qquad (4\text{-}9)$$

总之，式（4-8）和式（4-9）分别给出了容度框架下资产的 VaR 和 ES 的计算公式。这两个风险度量指标即考虑了现实金融市场中的随机性，又考虑了模糊性，更具有实用性。

2. 实证分析

假设投资组合由 5 只股票组成，我们从网易财经收集四方股份、中国平安、民生银行、中国重汽、中国长城和上证综指 2020 年 5 月 12 日到 2021 年 4 月 12 日的日度收盘价数据。

首先，求出所有股票的对数收益率、方差，其中波动率是方差的算术平方根；其次，计算个股与上证综指的协方差，进而算出 β 系数，$\beta = \frac{\text{协方差}}{\text{方差}}$；最后，使用资本证券市场线来计算股票的预期收益率，计算公式为

$$E(R_i) = R_f + \beta(E(R_m) - R_f)$$

其中 $E(R_i)$ 为第 i 只股票的预期收益率，R_f 为无风险收益率，R_m 为市场平均收益率。在此，我们选择 $R_f = 4.5\%$（短期国库券利率），取 R_m 为股票的平均收益率。计算结果如表 4-1 所示。

表 4-1　预期收益率和波动率的估计结果

	四方股份	中国平安	民生银行	中国重汽	中国长城
方差	0.000677459	0.000318	0.000123	0.001088	0.001038
协方差	9.74368E-05	0.000134	6.32E-05	0.000135	0.000207
β 系数	0.143826887	0.422078	0.514987	0.123946	0.199584
预期收益率	0.038639	0.026087	0.021465	0.039585	0.035974
波动率	0.026028034	0.017824	0.011076	0.032992	0.032221

假设 5 只股票构成一个组合，则组合的预期收益率是各个股预期收益率的和，为 0.161749，四舍五入为 0.162；组合的波动率为各个股方差和的算术平方根，为 0.05696，四舍五入为 0.057。

不妨假设要考虑的投资组合是 225 份股票组合，股票的交易天数为

225 天，则分别根据式（4-8）和式（4-9），可以计算出不同容度值下投资组合的 VaR 和 ES 的值，如表 4-2 所示。

表 4-2　不同容度值下投资组合的 VaR 值和 ES 值

c	0.5	0.4	0.3	0.2	0.1
$VaR_{95\%}$	1.5669	1.5271	1.4269	1.2519	0.9597
$VaR_{97.5\%}$	1.8362	1.7910	1.6737	1.4674	1.1213
$VaR_{99\%}$	2.1525	2.1009	1.9637	1.7205	1.3111
$VaR_{99.5\%}$	2.3620	2.3062	2.1557	1.8881	1.4368
$VaR_{99.9\%}$	2.8109	2.7460	2.5671	2.2472	1.7061
$ES_{95\%}$	1.1443	1.1297	1.1078	1.0754	1.0210
$ES_{97.5\%}$	0.2818	0.2680	0.2491	0.2239	0.1887
$ES_{99\%}$	0.2582	0.2449	0.2275	0.2050	0.1745
$ES_{99.5\%}$	0.2456	0.2325	0.2159	0.1949	0.1669
$ES_{99.9\%}$	0.2248	0.2122	0.1969	0.1783	0.1545

由表 4-2 可知，在不同容度值下投资组合的风险值有一定程度的差别，投资者对不确定性越厌恶（c 值越小）风险值越小；否则越大。随着 q 的增大，VaR 值增大，而 ES 值变得减小，这与 VaR 和 ES 的定义正好相符。

六、小结

本部分，我们既考虑现实金融市场中的随机性，又考虑由于不确定性的存在而导致的模糊性，在容度框架下构建了风险资产的 VaR 和 ES 两个风险指标，并给出了计算公式。与经典情形相比，VaR 和 ES 的计算公式皆与容度值 c 相关。容度 c 通常取（0，1/2］的值，这是因为大多数决策者对不确定性皆持厌恶态度。

第四节　风险序方法

系统风险是指广泛存在的、在一定程度上影响经济增长和福利并损害金融系统运行的金融不稳定。根据系统性风险的特征，可以从横截面维度和时间维度两个维度对其实施监管。横截面维度关注金融体系中各个机构之间的相互关联性，时间维度则关注金融风险的顺周期变化。有研究指出，当前的金融危机凸显出风险宏观审慎在确保金融稳定中的重要性。相较于单个金融机构的风险（即微观审慎监管），各个金融机构之间以及金融机构与市场之间的相互关联性造成的系统风险危机更加不能忽视。

长期以来，宏观审慎分析始终高度依赖金融市场情报以及专家的判断和经验。这不难理解，在一个不断发生变化的、具有不确定性的环境中，数据难以收集，定量分析模型的使用也难免缺乏有效性，再加上"影子银行"的存在，使得定量测度风险成为一项极具挑战性的任务。于是，宏观审慎监管机构在评估风险中多借助于专家的知识和判断力。我们将"专家"这个术语定义为：在一个特定的学科或任务中，通过长期研究和实践具有经验的人。宏观审慎监管机构充分利用专家小组的经验知识，通常采取一种自下而上的方法来测度系统性风险。在系统性风险的宏观审慎中，面临的难题是：如何综合利用多个风险管理专家的专业知识和管理经验来衡量系统性风险？

本节将讨论如何集结专家意见来测度系统性风险的方法，拟采用一个有向图来表示整个金融系统。该图基于系统的分层分解，将系统分解成一个由相关机构组成的互联网络。为了从横截面维度和时间维度两个维度来评估系统性风险，我们拟利用 Choquet 积分作为聚合函数，基于专家经验，将单个金融机构的风险值和网络内部机构之间的关联性信息组合起来。

一、网络构造

首先来介绍金融系统网络的构造方法。网络结构的最高层由单个节点组成，用 X 表示，代表总体系统性风险。网络结构的第一层由金融系统的主要组成部分构成，分别用 X_{11}，X_{12}，$\cdots$，X_{1n_1} 表示。这 n_1 个节点形成了一个完整的子网络，这意味着从每个节点到所有其他节点都有一个定向链接，而且所有节点都连接到节点 X。网络结构的第二层由 n_2 个互不不相交的、完整的子网络组成，以第一层节点连接 X 相同的方式，第二层的每个子网络分别连接到第一层的各个单个节点。根据这个策略，当构建一个新的层次结构时，就意味着为前一个层次中的每个节点创建了一个完整的子网络。此外，网络中的每个节点和每条链路皆赋予一个数值：节点值为相应机构的单个风险值，链路权重为起始节点和结束节点之间的互联性度量。下面，我们用符号 n_i 表示第 i 层的节点个数，X_{ik} 表示第 i 层的第 k 个节点，x_{ik} 表示节点 X_{ik} 的节点值，而 μ_{kj} 表示节点 X_{ik} 和节点 X_{ij} 之间的链路权重。由于我们关注金融系统的动态变化，所以金融网络虽结构相同但具有不同的节点值和不同的链路权重。

构建金融网络的目的是度量金融系统总的系统性风险，同时估计系统中各个层次的金融机构的脆弱性。系统整体本身用节点 X 表示，因此我们的任务是：在给定各个节点值和链路权重的情况下，采用合适的聚合函数计算出节点 X 的值，称之为网络中心度，即总系统风险值。考虑到各个金融机构的规模不同，并且由于直接的借贷关系或者支付结算，金融机构之间不是相互独立而是彼此存在程度不同的交互影响，所以计算金融网络中心度首选的聚合函数为 Choquet 积分。近年来，Choquet 积分在决策论、经济管理等领域得到广泛应用，其中一个最关键的原因就在于：其不仅可以描述单个变量的重要性，而且可以描述各变量间的交互作用。

二、基础公式介绍

下面介绍利用 Choquet 积分作为聚合函数，计算金融系统总体风险值的方法。

首先，给出离散 Choquet 积分的定义。

定义 4-4-1 假定可测函数 X 为简单函数，即 $X = \sum_{i=1}^{n} x_i 1_{X_i}$，其中 $\bigcup_{i=1}^{n} X_i = \Omega$，$X_i \cap X_j = \varnothing$，$\forall i \neq j$，且 $\{x_i\}$ 按降序排列即 $x_1 \geqslant x_2 \geqslant \cdots \geqslant x_n$，则 X 关于容度 μ 的 Choquet 积分为

$$(C) \int X d\mu = \sum_{i=1}^{n} (x_i - x_j) \mu(A_i)$$

其中 $A_i = X_1 \cup \cdots \cup X_i$，$i = 1, \cdots, n$，$A_0 = \varnothing$ 且 $x_{n+1} = 0$。

上面定义中的 X_1，$\cdots$，X_n 可以看作金融网络中的金融机构，相应的 x_1，$\cdots$，x_n 表示各个机构的风险值，$\mu(A_i)$ 则表示 X_1，$\cdots$，X_n 之间的交互作用大小。考虑到 Choquet 积分在多准则决策中的应用，这可以转化为准则之间的相互关系：在同时存在准则 B 的情况下，根据准则 A 对备选方案进行不同的评估，而不是只考虑 A 而不考虑 B。在前文提出的应用程序中，将根据金融机构目前的风险水平及其与其他机构的交互影响和关联来估计其风险水平。

对于 Choquet 积分的计算，还有一个问题需要面对：我们需要每个 $\mu(A_i)$ 的值，也就是需要估计出金融网络中所有机构之间的联合效应，才能集结得到 Choquet 积分值，而对 $i = 1$，$\cdots$，n，$\mu(A_i)$ 的值共有 2^n 个。所以，Choquet 积分的计算相当烦琐。为此，为了减轻复杂性，仍然超越了假设独立性的简单表示，我们只能考虑特定机构之间的联合效应并假设其他的可以忽略不计。一个简单而广泛使用的方法是 2-可加容度及其 Choquet 积分。在利用关于 2-可加容度的 Choquet 积分计算总体风险水平值时，我们只需要考虑两个机构之间的交互作用效应。

对于单个金融机构的重要性（即一级交互系数），我们用 Shapley 指数来估计。

定义 4-4-2 （Shapley 指数）X_i 的 Shapley 值定义为

$$\mu_i = \sum_{K \subset \Omega \setminus X_i} \frac{(n - |K| - 1)! \, |K|!}{n!} (\mu(K \cup X_i) - \mu(K))$$

其中 $|K|$ 表示集合 K 中所含元素的个数。Shapley 指数可以解释为：对于所有包括机构 X_i 的金融子网络而言，单个机构 X_i 的平均贡献，而且 μ_i 在区间 $[0, 1]$ 取值，满足 $\sum_{i=1}^{n} \mu_i = 1$。在我们分析的问题中，这转化为两个节点之间的整体相互关系，直接（通过链接）或间接（作为它们与其他节点交互的结果）。例如，在最简单的情况下，一个节点仅通过链接直接连接到中心节点，在两个节点之间没有其他路径。此时 Shapley 指数唯一的非零项为 $K = \varnothing$，公式简化为 $\frac{\mu(X_i)}{n}$。

Shapley 指数表示单个机构对整个金融系统的重要性，而二级交互指数则表示两个机构之间的交互影响。

定义 4-4-3 （二级交互指数）X_i 和 X_j 的交互指数定义为

$$\mu_{ij} = \sum_{K \subset \Omega \setminus X_i} \left(\frac{(n - |K| - 2)! \ |K|!}{(n - 1)!} \cdot \right.$$

$$\left. (\mu(K \cup X_i \cup X_j) - \mu(K \cup X_i) - \mu(K \cup X_j) + \mu(K)) \right)$$

可知，二级交互指数在区间 $[-1, 1]$ 上取值，并且，

（1）如果 $\mu_{ij} > 0$，则 X_i 和 X_j 正交互作用（complementary）；

（2）如果 $\mu_{ij} < 0$，则 X_i 和 X_j 反交互作用（redundant）；

（3）如果 $\mu_{ij} = 0$，则 X_i 和 X_j 相互独立。

定义 4-4-4 （2-可加容度）对可测空间 $(\Omega, \mathcal{F})$ 上的容度 μ，如果其三级及三级以上交互指数皆为零，且至少有一个二级交互指数不为零，则称 μ 为 2-可加容度。

定义 4-4-5 （关于 2-可加容度的 Choquet 积分）假定可测函数 X 为简单函数，即 $X = \sum_{i=1}^{n} x_i 1_{X_i}$，其中 $\bigcup_{i=1}^{n} X_i = \Omega$，$X_i \cap X_j = \varnothing$，$\forall i \neq j$，且 $\{x_i\}$ 按降序排列即 $x_1 \geqslant x_2 \geqslant \cdots \geqslant x_n$，则 X 关于 2-可加容度 μ 的 Choquet 积分为

$$(C) \int X d\mu = \sum_{\mu_{ij} > 0} \min(x_i, x_j) \mu_{ij} -$$

$$\sum_{\mu_{ij} < 0} \max(x_i, x_j) \mu_{ij} + \sum_{i=1}^{n} x_i \left(\mu_i - \frac{1}{2} \sum_{i \neq j} |\mu_{ij}| \right)$$

在上面的 2-可加容度的 Choquet 积分模型中，除了要评估与中心节点相连节点的个体重要性外，我们还需要考虑两个节点对中心节点的联合影响。一方面，就网络而言，这意味着我们将距离中心节点处长度为 2 的路径赋予非零值，而其他距离较远的路径赋予零值，即认为距离较远的节点与中心节点没有交互作用。另一方面，两个节点的反交互作用代表了析取效应，这种情况在我们研究的问题中是不会出现的，这是因为：一个节点值增加，即单个金融机构风险值增大，只会直接或间接地传染给中心节点包括其他节点，也就是导致系统或其他机构的风险值增加，而不可能使其他机构的风险值减少。此外，在我们的应用中，"取小"（min）违背了风险沿路径在网络中扩散的初始假设；虽然正交互作用表示连接行为，但若使用"取小"，较高层节点值的增加便不会影响两个节点的联合效果，因

此我们在具体建模中可以使用"取大"（max）来代替。

由于以上原因，我们将修改上面部分公式内容，以符合所研究的问题。

三、模型构建

注意到，在最一般的 Choquet 积分形式中需要研究对象集合所有子集的容度。从这个意义上讲，容度可以看作是 Tarashev 等（2010）提到的特征测度。为了使用 2-可加容度的 Choquet 积分模型，可以限制：只考虑两个机构之间的交互联系，而不考虑路径距离大于等于 3 的系统子网络的风险贡献。此外，假设将金融机构的个体贡献进一步分解为直接和间接的影响。与此同时，除了交互联系的度量，我们还考虑将各个金融机构的单个风险水平纳入其中。

基于上面的讨论，可以得到一个经过修改的离散 2-可加容度 Choquet 积分，并将其作为聚合函数，来评估金融系统网络的系统性风险。对于节点 X_i 和 X_j 之间的风险等级（节点值）x_i 和节点 X_i 和 X_j 之间的互连 μ_{ij}，结合节点 X_i 和目标节点以及节点 X_i 和 X_j 之间的互连，定义风险序（Risk Rank）函数如下。

定义 4-4-6 称下面的函数

$$RR(X_1, X_2, \cdots, X_n) = \sum_{i=1}^{n} x_i \left(\mu_i - \frac{1}{2} \sum_{j \neq i} \mu_{ij} \right) + \sum_{i=1}^{n} \sum_{j \neq i}^{n} \mu_{ij} \max(x_i, x_j)$$

为节点 X_1，X_2，$\cdots$，X_n 的风险序函数，简记为 RR 函数。

利用 RR 函数可以估计节点 X_1，X_2，$\cdots$，X_n 的上一级节点的风险水平。其中，上面函数的右边第一项可以看作节点 X_i 对上一级节点总风险的直接影响效应，第二项可以看作节点 X_i 对上一级节点总风险的间接影响效应。

注意：在上面的定义中，μ_{ij} 表示从节点 X_i 到节点 X_j 的链路权重，而 μ_{ji} 表示从节点 X_j 到节点 X_i 的链路权重。两者完全不同。

相比于系统网络中的其他节点，中心点 X 处的 RR 函数的计算和解释都有所不同。RR 函数的一个重要用途是：分析金融系统层次化网络，给网络的最高节点 X 赋一个值，即系统总的风险水平。由于该节点没有初始值，因此可以直接应用 RR 函数公式：在计算中考虑的是连接到 X 的节点或者从该节点到 X 的路径长度为 2 的节点。对于来自层次结构第二层的节点，由于它们只连接到第一层的单个节点，因此只有一个相关的项，而对于第一层的节点，它们构成了一个完整的子网络，每个节点有$n_1 - 1$个相关项，其中n_1为第一层的节点数。节点 X 的最终值给出了系统网络中总系统性风险的估计值。

对于网络中的其他节点，在执行聚合过程之前我们可以根据市场实际估计取其点值（即风险水平）。于是，我们还需要在聚合过程中考虑这些节点的节点值。直接的解决方法是，对这个节点值和基于网络中节点连接的 RR 函数计算的值进行加权平均。

四、系统风险的测算实例

1. RR 函数的测算实例

为了在系统风险测度中应用 RR 函数，下面举例说明其计算方法。假设一个由两个城市构成的系统，经过专家评估，城市 1 和城市 2 的风险值以及两者之间、两者与整个系统之间的相互关联权重如图 4-2、图 4-3 和图 4-4 所示。

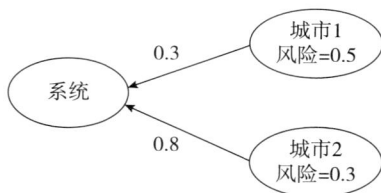

图 4-2　两城市的风险值及其相互关联（1）

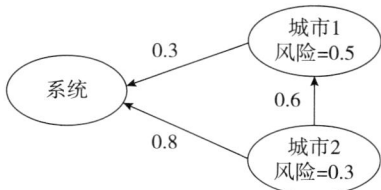

图 4-3　两城市的风险值及其相互关联（2）

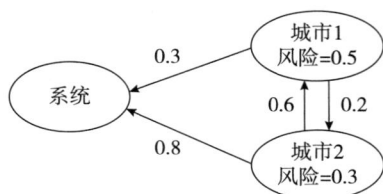

图 4-4 两城市的风险值及其相互关联（3）

在上面的图中，城市 1 的 Shapley 指数为 $\mu_1 = 0.3$，风险值为 $x_1 = 0.5$；城市 2 的 Shapley 指数为 $\mu_2 = 0.8$，风险值为 $x_2 = 0.3$。

在图 4-2 中，城市 1 和城市 2 之间没有互联关系，此时系统风险值为两个城市风险值的加权平均，即 $RR = x_1 \times \dfrac{\mu_1}{\mu_1 + \mu_2} + x_2 \times \dfrac{\mu_2}{\mu_1 + \mu_2}$，代入数据，可得 $RR = 0.35$。

在图 4-3 中，从城市 2 到城市 1 的关联权重 $\mu_{21} = 0.6$，而从城市 1 到城市 2 的关联权重 $\mu_{12} = 0$，利用 RR 函数公式，求得 $RR = x_1 \left(\mu \right)_1 - \dfrac{1}{2} \mu_{21}) + x_2 \left(\mu_2 - \dfrac{1}{2} \mu_{21} \right) + \mu_{21} \max \left(x_1, x_2 \right) = 0.45$。相比于图 4-2 中，图 4-3 中多了一条关联路径，相应地，总体系统风险也增加了。

在图 4-4 中，从城市 2 到城市 1 的关联权重 $\mu_{21} = 0.6$，而从城市 1 到城市 2 的关联权重 $\mu_{12} = 0.2$，利用 RR 函数公式，求得

$$RR = x_1 \left(\mu_1 - \frac{1}{2} \mu_{12} - \frac{1}{2} \mu_{21} \right) + x_2 \left(\mu_2 - \frac{1}{2} \mu_{12} - \frac{1}{2} \mu_{21} \right) + \mu_{12} \max \left(x_1, x_2 \right) +$$

$\mu_{21} \max \left(x_1, x_2 \right) = 0.47$

比较来讲，图 4-4 中比图 4-2 多了一条关联路径，比图 4-3 多了两条关联路径，相应地，总体系统风险也增加了。

2. 一个国家总体金融风险的测算模拟

一个国家的金融系统有宏观经济（M）、金融市场（FM）、银行部门（BS）和其他金融机构（OFI）四个子系统组成，各子系统又可以进一步细分，如图 4-5 所示。要测算国家整个金融系统总的风险水平，根据 RR 函数，需要已知四个子系统的风险水平、重要程度以及四者之间的相互关联权重。

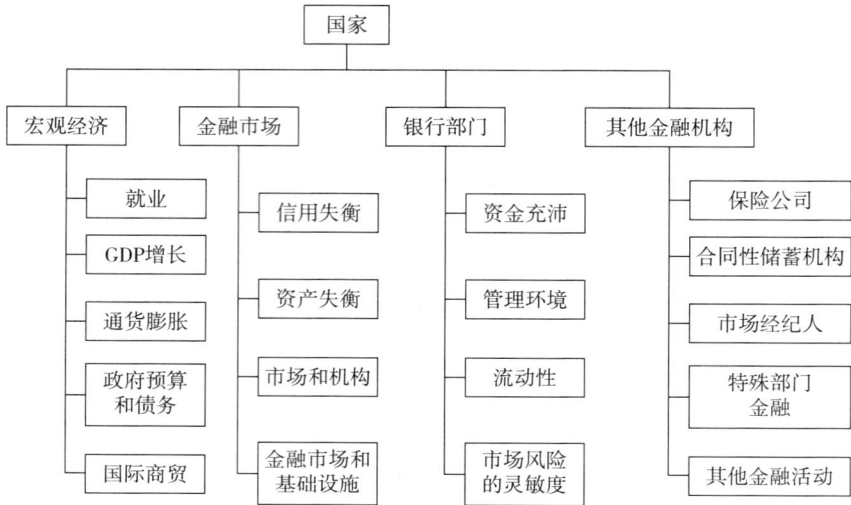

图 4-5　一个国家的金融机构

各子系统的风险水平是由其本身的细分系统决定的，从下而上，采用本节提出的方法，可以测算得出。比如，宏观经济（M）的风险值是根据其细分系统，即就业、GDP 增长、通货膨胀、政府预算和债务及国际商贸的风险水平、重要程度以及五者之间的相互关联权重，采用 RR 函数测算得出的。

各子系统的重要程度即 Shapley 指数以及各个子系统之间的相互关联权重，则由风险管理专家根据经验给出。

为了说明 RR 函数在评估一个国家总体系统性风险水平的适用性，现举一个数值例子。假设宏观经济（M）、金融市场（FM）、银行部门（BS）和其他金融机构（OFI）四个子系统的风险值依次为$x_1 = 0.29$，$x_2 = 0.62$，$x_3 = 0.43$，$x_4 = 0.47$，其 Shapley 指数依次为$\mu_1 = 0.4$，$\mu_2 = 0.7$，$\mu_3 = 0.6$，$\mu_4 = 0.6$，四者之间的关联强度如表 4-3 所示。

表 4-3　四个子系统的互联关系

	M	FM	BS	OFI
M	—	0.8	0.7	0.7
FM	0.7	—	0.6	0.5

续表

	M	FM	BS	OFI
BS	0.7	0.4	—	0.7
OFI	0.6	0.4	0.7	—

为了方便代入公式，我们用符号来表示各个数据，即 $\mu_{12}=0.8$，$\mu_{13}=0.7$，$\mu_{14}=0.7$，$\mu_{21}=0.7$，$\mu_{23}=0.6$，$\mu_{24}=0.5$，$\mu_{31}=0.7$，$\mu_{31}=0.7$，$\mu_{32}=0.4$，$\mu_{34}=0.7$，$\mu_{41}=0.6$，$\mu_{42}=0.4$，$\mu_{43}=0.7$。

根据定义 4-4-6 中 RR 函数，将以上数据代入，可求得总体系统性风险水平为 RR=0.49。

易知，如果四个子系统之间没有互联关系，那么总体系统风险值为四个子系统风险值的加权平均，求得 RR=0.47。可见，金融机构之间的相互关联对总体风险值的影响是不容忽视的。

五、小结

本节中，基于风险管理专家经验，采用 Choquet 积分作为集结工具，将单个金融机构的系统性风险贡献及其金融机构之间的互联关系综合起来，得到了金融系统总体的风险水平。

首先，构建了金融网络；其次，基于 2-可加容度的 Choquet 积分提出了系统风险 RR 函数；最后，举例说明了此方法的可行性。基于国家的金融系统的四个子系统，及其向下进一步多次细分，从下而上，多次采用 RR 函数，即可求得国家金融系统总体的风险水平。

第五章

基于非线性期望的期权定价问题研究

　　传统的期权定价模型，包括 Black-Scholes 定价公式、跳扩散模型、随机利率模型及随机波动模型等，都假设概率测度是唯一且已知存在的，并采用随机性来刻画定价问题的不确定性。但是，越来越多的实证研究表明，这个假设过于严格，导致它们计算出来的期权价格与期权的实际市场价格经常存在较大的偏差。原因在于，这些模型都忽略了金融市场上的 Knight 不确定性。

　　在实际期权定价问题中，风险和 Knight 不确定性可以分解为随机性和模糊性两部分，也就是说，影响期权价格大小的因素不仅具有随机性还具有模糊性。在 Knight 不确定环境下，金融资产定价研究中的关键问题是，投资者对于未来金融资产的概率分布难以用单一的概率测度来预测，只能用一族主观概率测度来预测，即投资者的先验概率测度为一个集合（即先验概率测度集）。此时，在经典的概率框架中很难处理期权定价问题。为此，我们将研究的目光投向非线性期望领域。

第一节　非线性期望在期权定价问题中的研究现状

一、Choquet 期望理论在期权定价中的应用

　　从正态分布，到稳定分布，又到 Brown 运动，再到几何 Brown 运动，继而到分数 Brown 运动，学者们探索出越来越有力的数学模型来刻画资产价格的变化过程，但它们存在一个共同的缺点：只关注随机性，而忽略了金融市场上的模糊性。近年来，Choquet 期望理论在资产价格运动的模拟研究中取得重大突破：Kast 和 Lapied（2010a，2010b）提出采用对称 Choquet 随机游走来刻画资产价格的运动过程。对称 Choquet 随机游走为用容

度来代替精确概率的离散二叉树过程，其容度的取值与投资者对市场不确定的态度有关。对称 Choquet 随机游走过程具有动态相容性，当时间区间无穷小时，其收敛为对称 Choquet-Brownian 运动，Kast 等（2014）证明得出：对称 Choquet-Brownian 运动的漂移率系数和波动率系数皆为容度的函数。接着，Driouchi 等（2015）率先将对称 Choquet-Brownian 运动引用到期权定价问题的研究中，得到了带有随机敲定价格的欧式交换期权的定价公式。Agliardi（2017）进一步定义了非对称 Choquet 随机游走的概念，并研究了其和非对称 Choquet-Brownian 运动的性质，得出结论：不确定性厌恶下的 Choquet-Brownian 运动比经典 Brownian 运动具有更低的漂移率和波动率。

另外，对于不确定的波动率，目前学术界提出观点：虽然无法描绘出波动率的确切变化，但是，至少可以确定它的变化范围。此时，期权的定价核是由一族概率测度组成的集合，此集合的上确界和下确界皆为容度。Denis 和 Martini（2006）利用容度理论研究了波动率不确定情形下路径依赖期权的权利金。韩立岩和周娟（2007）运用 λ-容度及其 Choquet 期望求解欧式无红利期权的期初价格，所得价格是一个区间而不是某个特定数值。

二、G-期望理论在期权定价中的应用

除了 Choquet 期望之外，还有一类非线性期望颇受关注：G-期望。近几年来，山东大学的彭实戈院士、陈增敬教授及课题组从等价鞅测度不唯一而是一族的角度，利用倒向随机微分方程理论研究了收益率和波动率不确定（即区间值收益率与区间值波动率）情形下的期权定价问题，并且发展了 G-期望理论。Denis、胡明尚和彭实戈（2011）证明了 G-期望可以表示成一族相互奇异概率测度集合的期望的上确界。这一结论使 G-期望理论与 Denis 和 Martini（2006）的研究成果统一了起来。接着，著名经济学家 Epstein 和 Jli（2013，2014）基于此理论，在波动率不确定性情形下，推导出了 Radner 均衡下的资本资产定价公式。

三、存在问题

综合来看，对于非线性期望框架下的期权定价问题学术界已经做了大量的工作，形成了一定的理论基础和成果积累。但也存在一些不足：

（1）缺乏针对资产价格波动率的预测研究。作为刻画资产价格统计特性的重要参数，波动率与其他市场变量可能存在相关性，会随着市场变量的变化而变化，其具有不确定性，难以预测。现有文献多假设波动率在一个区间内取值，但在实际应用中，如何得到区间值波动率？这需要研究区间值时间序列模型、参数估计与假设检验方法，目前该方面的研究文献较少。

（2）理论上来讲，Choquet-Brownian 运动的漂移率和波动率都与决策者对环境不确定的态度有关，其既考虑到实际金融数据的随机性又考虑到模糊性，应该比以往研究中的模型更适合用来模拟风险资产的价格变动。但目前还缺乏实证分析验证。

（3）目前还没有文献研究基于非对称 Choquet-Brownian 运动的期权定价公式。

（4）对于非线性期望理论，目前存在的最大问题：Choquet 期望理论的贝叶斯更新法则一直没能在学者之间达成共识；G-期望的理论框架较为复杂，G-正态分布不易计算。因而，在处理区间值波动率情形下的期权定价问题时，利用 Choquet 期望无法得到动态的期权价格；利用 G-期望难以给出期权价格的数值结果。还需要进一步研究非线性期望理论及其在期权定价中的应用。

第二节　基于 Wang 变换的期权定价

1973 年 Black-Sholes 给出了期权定价公式，为期权产品的开发利用奠定了理论基础。自此以来，随着期权市场的迅速发展，期权定价理论的研究取得了突破性进展。目前，较为成熟的期权定价理论是基于经典概率测度、线性期望与随机分析理论的，主要利用鞅方法、对冲和复制方法给各类期权进行定价。然而，面对风险人们决策时往往不能用经典概率、线性期望来描述，于是试图用容度与 Choque 积分（非线性期望）来给期权定价。但由于一般的容度只保持了单调性，Choquet 积分的计算变得十分复杂。但扭曲容度下的 Choquet 积分计算起来还相对简单。

我们知道，扭曲容度是介于经典概率测度和容度之间的一种特殊测度。

定义 5-2-1 设 g：$[0，1]\rightarrow[0，1]$ 是连续的单调递增函数，并且满足 g（0）= 0，则称 g 是扭曲函数。设 v 是可测空间（$\Omega，\mathcal{F}$）上的容度，则 g∘v 是一容度，称其为扭曲容度。

扭曲容度是经典概率测度的推广。Wang 变换（Wang Transform）可以看成一种特殊的扭曲函数，是 2000 年由 Wang 引入的，在保险、风险度量、资本资产定价、期权定价等领域用处广泛。

本部分首先给出 Wang 变换及其基本性质；在此基础上，用一般的对称分布代替标准正态分布将 Wang 变换进行推广，进而得出其推广变换的两个结果；接着，利用 Wang 变换推导出欧式期权在 Choquet 积分下的定价公式。

一、Wang 变换及其基本性质

下面，介绍 Wang 变换的定义和它的一些重要性质。

定义 5-2-2 令 Φ 为标准正态分布的随机变量的分布函数，即

$$\Phi(x) = \int_{-\infty}^{x} \frac{1}{\sqrt{2\pi}} e^{-\frac{1}{2}u^2} du$$

$x \in \mathcal{R}$，且令 α 为实值参数，定义函数 g_α：$[0，1]\rightarrow[0，1]$ 为

$$g_\alpha(p) = \Phi[\Phi^{-1}(p) + \alpha]$$

则称扭曲函数 g_α 为 Wang 变换。

令随机变量 X 的累积分布函数为 $F_X(x) = P(X \leqslant x)$，则扭曲分布

$$F_X^*(x) = g_\alpha(F_X(x)) = \Phi[\Phi^{-1}(F_X(x)) + \alpha]$$

为 $F_X(x)$ 的 Wang 变换。Wang 变换的意义在于产生了一条经过"风险调整"后的"价格曲线" $F_X^*(x)$，用 $F_X^*(x)$ 替代随机资产 X 的原来的累积分布函数 $F_X(x)$ 求期望，再通过折现计算，就可以得到不完全市场中资产的公平价格。

Wang 变换有下面的一些性质：

（1）对任意 α，g_α 是连续的；

（2）当 $\alpha<0$ 时，g_α 是凸函数；当 $\alpha>0$ 时，g_α 是凹函数；

（3）如果随机变量 $X \sim N(\mu, \sigma^2)$，则 $g_\alpha(F_X) \sim N(\mu+\alpha\sigma, \sigma^2)$；如果 $\ln X \sim N(\mu, \sigma^2)$，则 $\ln[g_\alpha(F_X)] \sim N(\mu+\alpha\sigma, \sigma^2)$。

设随机变量 X 的累减分布函数（或生存函数）为

$$S_X(x) = P(X > x) = 1 - F_X(x)$$

显然 S_x 是从 $\mathcal{R}$ 到 $[0, 1]$ 的非增函数。

利用关于 g_α 的 Choquet 积分，修正风险溢价（risk-adjusted premium）的概念定义如下：

定义 5-2-3 风险资产 X 的修正风险溢价 $H[X, \alpha]$ 定义为

$$H[X, \alpha] = \int_{-\infty}^{0}[g_\alpha(S_X(x)) - 1]dx + \int_{0}^{\infty}g_\alpha(S_X(x))dx \qquad (5-1)$$

易证，关于 Wang 变换的修正风险溢价 $H[X, \alpha]$ 有下面的性质：

（1）如果 $b>0$，则 $H[bX, \alpha] = bH[X, \alpha]$；

（2）如果 $b<0$，则 $H[bX, \alpha] = bH[X, -\alpha]$；

（3）如果 X_1 和 X_2 是共单调的，则有 $H[X_1+X_2, \alpha] = H[X_1, \alpha] + H[X_2, \alpha]$；

（4）如果 $\alpha>0$，则 $H[X_1+X_2, \alpha] \leqslant H[X_1, \alpha] + H[X_2, \alpha]$；

（5）如果 $\alpha<0$，则 $H[X_1+X_2, \alpha] \geqslant H[X_1, \alpha] + H[X_2, \alpha]$。

Wang 变换 g_α 的对偶扭曲函数为 $g_\alpha^*(u) = 1-g_\alpha(1-u) = g_{-\alpha}(u)$ 于是有

$$1 - g_{-\alpha}(F_x(x)) = 1 - g_{-\alpha}(1 - S_X(x)) = g_\alpha(S_X(x))$$

所以式（5-1）定义的修正风险溢价 $H[X, \alpha]$ 还可写成

$$H[X, \alpha] = -\int_{-\infty}^{0}[g_{-\alpha}(F_X(x))]dx + \int_{0}^{\infty}[1 - g_{-\alpha}(F_X(x))]dx$$

下面，给出两个基于 Wang 变换的结果。

定理 5-2-1 设 X 为风险资产。

（1）如果 $X \sim N(\mu, \sigma^2)$，则 $H[X, \alpha] = \mu + \alpha\sigma$；

（2）如果 $\ln X \sim N(\mu, \sigma^2)$，则 $H[X, \alpha] = \exp\left(\mu + \alpha\sigma + \frac{1}{2}\sigma^2\right)$。

定理 5-2-2 若随机变量 Z 服从标准正态分布 $N(0, 1)$，且另一随机

变量 X = h(Z)，其中 h 为正连续增函数，那么有

$$H[X, \alpha] = E[h(Z + \alpha)]$$

二、F 变换

在 Wang 变换中，如果将标准正态分布 Φ 换作一般的具有对称性的分布 F，可以将 Wang 变换进行推广，记为

$$G_\alpha(p) = F[F^{-1}(p) + \alpha] \tag{5-2}$$

其中，$F(-x) = 1-F(x)$，$\forall x \in \mathcal{R}$

下文中，将 Wang 变换的这个推广称为 F 变换。类似于 Wang 变换，对任意 α，F 变换 G_α 是连续的，其两个极限为

$$G_\alpha(0) = \lim_{p \to 0^+} G_\alpha(p) = 0, \quad G_\alpha(1) = \lim_{p \to 1^-} G_\alpha(p) = 1$$

类似地，利用关于 F 变换的 Choquet 积分，可以将修正风险溢价的概念定义如下

$$H[X, \alpha] = \int_{-\infty}^0 [G_\alpha(S_X(x)) - 1] dx + \int_0^\infty G_\alpha(S_X(x)) dx$$

F 变换 G_α 的对偶扭曲函数为 $G_\alpha^*(u) = 1-G_\alpha(1-u) = G_{-\alpha}(u)$。于是有

$$1 - G_{-\alpha}(F_X(x)) = 1 - G_{-\alpha}(1 - S_X(x)) = G_\alpha(S_X(x))$$

所以基于 F 变换 G_α 的修正风险溢价 $H[X, \alpha]$ 还可写成

$$H[X, \alpha] = -\int_{-\infty}^0 G_{-\alpha}(F_X(x)) dx + \int_0^\infty [1 - G_{-\alpha}(F_X(x))] dx$$

基于 F 变换，可以得到下面两个定理。

定理 5-2-3 令随机变量 Z 的数学期望 $E(Z) = \mu$，方差 $D(Z) = \sigma^2$，其累减分布函数为 S_Z。若随机变量 $\dfrac{Z-\mu}{\sigma}$ 服从 F 分布，则一定存在另一随机变量 $X = Z + \sigma\alpha$，使得

$$G_\alpha(S_Z(z)) = S_X(z), \quad \forall z \in \mathcal{R}$$

证明 对任意 $z \in \mathcal{R}$，由 G_α 的定义，并注意到 F 分布的对称性，有

$$G_\alpha(S_Z(z)) = F[F^{-1}(S_Z(z)) + \alpha]$$

$$= F[F^{-1}(P(Z > z)) + \alpha]$$

$$= F[F^{-1}(P(\frac{Z - \mu}{\sigma} > \frac{z - \mu}{\sigma})) + \alpha]$$

$$= F\left[F^{-1}\left(1 - F\left(\frac{z - \mu}{\sigma}\right)\right) + \alpha\right] = F\left[F^{-1}\left(F\left(-\frac{z - \mu}{\sigma}\right)\right) + \alpha\right]$$

$$= F\left[-\frac{z - \mu}{\sigma} + \alpha\right] = 1 - F\left[\frac{z - \mu}{\sigma} - \alpha\right]$$

$$= 1 - F\left[\frac{z - (\mu + \sigma\alpha)}{\sigma}\right] = P\left(\frac{Z - \mu}{\sigma} > \frac{z - (\mu + \sigma\alpha)}{\sigma}\right)$$

$$= P(Z + \sigma\alpha > z)$$

$$= S_X(z)$$

定理 5-2-4 令随机变量 Z 的数学期望 $E(Z) = \mu$，方差 $D(Z) = \sigma^2$，其累减分布函数为 S_Z。若随机变量 $\frac{Z-\mu}{\sigma}$ 服从 F 分布，则对另一随机变量 $X = h(Z)$，其中 h 为正连续增函数，有

$$H[X, \alpha] = E[h(Z + \sigma\alpha)]$$

证明 由基于 F 变换的修正风险溢价的定义，我们有

$$H[X, \alpha] = \int_0^\infty G_\alpha(S_X(x)) \, dx$$

$$= \int_0^\infty F[F^{-1}(P(X > x)) + \alpha] \, dx$$

$$= \int_0^\infty F[F^{-1}(P(h(Z) > x)) + \alpha] \, dx$$

$$= \int_0^\infty F[F^{-1}(P(Z > h^{-1}(x))) + \alpha] \, dx$$

$$= \int_0^\infty G_\alpha(S_Z(h^{-1}(x))) \, dx$$

$$= \int_0^\infty S_{Z + \sigma\alpha}(h^{-1}(x)) \, dx \, (定理 5-2-1 的结论)$$

$$= \int_0^\infty P((h(Z + \sigma\alpha) > x) \, dx$$

$$= E[h(Z + \sigma\alpha)]$$

由定理 5-2-3 可知，定理 5-2-4 的结论对基于 F 变换的修正风险溢价仍然成立，具体叙述如下：

推论 5-2-1 若随机变量 Z 服从标准正态分布 N(0，1)，且另一随机变量 X =h(Z)，其中，h 为正连续增函数，那么对基于 F 变换的修正风险溢价有

$$H[X, \alpha] = E[h(Z + \alpha)]$$

由此可见，Wang 变换是 F 变换的一种特殊情况。

三、利用 Wang 变换对欧式期权定价

设 S(t) 为 t 时刻股票的价格，满足随机微分方程

$$\frac{dS_t}{S_t} = \mu dt + \sigma dW_t$$

其中，μ，σ > 0 是常数，T 是到期日 (0 ≤ T < ∞)，$\{W_t\}_{0<t\leq T}$ 是标准布朗运动。由伊藤引理解此方程，得

$$S_T = S_t \exp(\mu - \frac{1}{2}\sigma^2)(T - t) + \sigma(W_T - W_t) \quad (5-3)$$

欧式看涨期权的收益为

$$C(T, K) = (S_T - K)^+ = \max\{S_T - K, 0\}$$

其中，K 为 T 时刻的敲定价格。

下面利用 Wang 变换求欧式看涨期权在 t 时刻的期权值 C(t, K)

设

$$h(Z) = (S_t \exp((\mu - \frac{1}{2}\sigma^2)(T - t) + \sigma\sqrt{T - t}Z) - K)^+$$

其中，Z 服从标准正态分布 N(0，1)，则 h 是正的、增的、连续的函数。设 r 为无风险利率，则

$$e^{r(T-t)}C(t, K) = (C)\int h(Z)dg_\alpha \circ P$$

利用定义 5-2-2 和定理 5-2-4 可得

$$e^{r(T-t)}C(t, K) = H[h(Z), \alpha]$$

$$= E[h(Z + \alpha)]$$

$$= \int_{-\infty}^{+\infty}(S_t\exp((\mu - \frac{1}{2}\sigma^2)(T - t) + \sigma\sqrt{T - t}(z + \alpha)) - K)^+\phi z(z)dz$$

其中，φz (z) 为服从标准正态分布随机变量的概率密度函数，即

$$\phi z(z) = \frac{1}{\sqrt{2\pi}} e^{-\frac{1}{2}z^2}, \quad \forall_z \in R$$

令 z_* 是满足 $S_T = K$ 时的 Z 的值，即

$$z_* = \frac{\ln\left(\dfrac{K}{S_t}\right) - \left(\mu - \dfrac{1}{2}\sigma^2\right)(T - t) - \sigma\sqrt{T - t}\,\alpha}{\sigma\sqrt{T - t}}$$

从而，有

$$e^{r(T-t)}C(t, K)$$

$$= E[h(Z + \alpha)]$$

$$= \int_{z_*}^{+\infty} \left(S_t \exp\left(\left(\mu - \frac{1}{2}\sigma^2\right)(T - t) + \sigma\sqrt{T - t}(z + \alpha)\right) - K\right)\phi z(z)\,dz$$

$$= S_t \exp\left(\left(\mu - \frac{1}{2}\sigma^2\right)(T - t) + \sigma\sqrt{T - t}\,\alpha + \frac{1}{2}\sigma^2(T - t)\right) \times$$

$$\int_{z_*}^{+\infty} \frac{1}{\sqrt{2\pi}} e^{-\frac{1}{2}(z - \sigma\sqrt{T-t})^2}\,dz - K\int_{z_*}^{+\infty} \phi z(z)\,dz$$

$$= S_t e^{\mu(T-t)+\sigma\sqrt{T-t}\,\alpha}\Phi[-(z_* - \sigma\sqrt{T - t})] - K\Phi[-z_*]$$

故

$$C(t, K) = S_t e^{(\mu-r)(T-t)+\sigma\sqrt{T-t}\,\alpha}\Phi[-(z_* - \sigma\sqrt{T - t}] - Ke^{-r(T-t)}\Phi[-z_*]$$

设 $\alpha = \dfrac{r-\mu}{\sigma}\sqrt{T-t}$，则有

$$-(z_* - \sigma\sqrt{T - t}) = \frac{\ln\left(\dfrac{S_t}{K}\right) + \left(r + \dfrac{1}{2}\sigma^2\right)(T - t)}{\sigma\sqrt{T - t}}$$

和

$$-z_* = \frac{\ln\left(\dfrac{S_t}{K}\right) + \left(r - \dfrac{1}{2}\sigma^2\right)(T - t)}{\sigma\sqrt{T - t}}$$

通常记

$$d_1 = \frac{\ln\left(\dfrac{S_t}{K}\right) + \left(r + \dfrac{1}{2}\sigma^2\right)(T - t)}{\sigma\sqrt{T - t}}$$

和

$$d_2 = \frac{\ln\left(\dfrac{S_t}{K}\right) + \left(r - \dfrac{1}{2}\sigma^2\right)(T - t)}{\sigma\sqrt{T - t}}$$

于是得

$$C(t, K) = S_t\Phi(d_1) - Ke^{-r(T-t)}\Phi(d_2)$$

即为欧式看涨期权在 t 时刻的 Black Scholes 公式。

第三节　Knight 不确定性环境下的期权定价

1973 年，Black 和 Scholes 推导出了著名的 Black–Scholes 期权定价公式。在此基础上，众多研究者将该期权定价模型进一步推广，一般假定股票价格过程 S_t 满足

$$dS_t = S_t(\mu_t dt + \sigma_t dW_t)$$

其中，μ_t 为 t 时刻股票的预期收益率，σ_t 为 t 时刻股票的波动率，W_t 为布朗运动。如果市场是无套利的、完备的，则存在唯一的风险中性鞅测度 Q

$$\frac{dQ}{dP} = \exp\left(-\frac{1}{2}\int_0^T \left(\frac{\mu_s - r}{\sigma_s}\right)^2 dt + \int_0^T \frac{\mu_s - r}{\sigma_s} dW_t\right)$$

使得对任意未定权益 ξ，其在时刻 t 的价格可以表示为 $E_Q[\xi e^{-r(T-t)}]$，其中 E_Q 为关于概率测度 Q 的数学期望，r 为无风险利率，T 为到期时间。

但是，现实金融市场中的 Knight 不确定性是不容忽视的。由于市场的影响因素太复杂或者市场信息不充分，人们往往不能精确地给出 t 时刻股票的预期收益率 μ_t 和波动率 σ_t 的精确值。令 $g_t := \dfrac{\mu_t - r}{\sigma_t}$。陈增敬和 Kulperger（2006）在对称假设 $|g_t| \leq k$（k 称为不确定性水平）下，提出用一个有无数概率测度组成的集合来刻画 Knight 不确定性；此时，风险中性鞅测度不再是唯一的，而是下面的概率测度族：

$$\mathcal{M} = \left\{ Q := \frac{dQ}{dP} = \exp\left(-\frac{1}{2}\int_0^T g_t^2 dt + \int_0^T g_t dW_t\right), \ |g_t| \leq k \right\}$$

此时，未定权益的价格不是一个精确值，而是一个区间。有两种方法可以

计算未定权益的上、下价格。第一种方法是最大、最小定价法（Minimax Pricing），即最大期望是上价格、最小期望是下价格，读者可参阅文献（EI Karoui，Peng & Quenez，1997）：

$$\underline{\tilde{\varepsilon}}[\xi] = \inf_{Q \in \mathcal{M}} E_Q[\xi]; \quad \overline{\tilde{\varepsilon}}[\xi] = \sup_{Q \in \mathcal{M}} E_Q[\xi]$$

第二种方法是 Choquet 定价法（Choquet pricing），即上 Choquet 期望是上价格、下 Choquet 期望是下价格，可参阅文献（Wang，2000；De Waegen-aere，Kast & Lapied，2003）：

$$\overline{C}[\xi] = \int_0^{+\infty} \tilde{\mu}(\xi \geq t)\,dt + \int_{-\infty}^0 (\tilde{\mu}(\xi \geq t) - 1)\,dt$$

$$\underline{\tilde{C}}[\xi] = \int_0^{+\infty} \tilde{\nu}(\xi \geq t)\,dt + \int_{-\infty}^0 (\tilde{\nu}(\xi \geq t) - 1)\,dt$$

其中，$\tilde{\mu}$ 和 $\tilde{\nu}$ 分别为上概率测度和下概率测度：

$$\tilde{\mu}(A) = \sup_{Q \in \mathcal{M}} Q(A), \quad \tilde{\nu}(A) = \inf_{Q \in \mathcal{M}} Q(A), \quad A \in \mathcal{F}$$

陈增敬和 Kulperger（2006）比较了这两种定价方法，并研究指出：对某些欧式期权，如果其收益是标的资产到期价格的单调函数，则这两种定价方法等价。

然而，张俊飞和李寿梅（2013）从集值随机微分包含的视角指出：g_t 不总是对称的。尽管不能给出 μ_t 和 σ_t 的精确值，但人们可以通过历史数据分别推断出预期收益率和波动率在某个范围内变动，于是可假设 $\mu_t \in [a, b]$ 和 $\sigma_t \in [c, d]$，其中 a<b，0<c<d。如果 $a \geq r$，则 $\frac{a-r}{d} \leq g_t \leq \frac{b-r}{c}$；如果 a<r<b，则 $\frac{a-r}{c} \leq g_t \leq \frac{b-r}{c}$；如果 $r \geq b$，则 $\frac{a-r}{c} \leq g_t \leq \frac{b-r}{d}$。不失一般性地，假设 $g_t \in [k_1, k_2]$。此时，风险中性鞅测度是下面概率的测度族：

$$\mathcal{P} = \left\{ Q := \frac{dQ}{dP} = \exp\left(-\frac{1}{2}\int_0^T g_t^2\,dt + \int_0^T g_t\,dW_t\right), \ g_t \in [k_1, k_2] \right\} \quad (5\text{-}4)$$

即，我们用式（5-4）来刻画此时的 Knight 不确定性。利用 Pardoux 和彭实戈（1990）提出的倒向随机微分方程（以下简称 BSDE）作为工具，张俊飞和李寿梅（2013）研究了最大期望 $\overline{\varepsilon}$ 和最小期望 $\underline{\varepsilon}$ 的性质，其中

$$\underline{\varepsilon}[\xi] = \inf_{Q \in \mathcal{P}} E_Q[\xi]; \quad \overline{\varepsilon}[\xi] = \sup_{Q \in \mathcal{P}} E_Q[\xi]$$

王洪霞（2019）研究了上概率测度 μ、下概率测度 ν 及其 Choquet 期

望的性质，其中

$$\mu(A) = \sup_{Q \in \mathcal{P}} Q(A), \quad \nu(A) = \inf_{Q \in \mathcal{P}} Q(A), \quad A \in \mathcal{F}$$

记 $\bar{C}$, $\underline{C}$ 分别为关于 μ 和 ν 的 Choquet 期望，显然，

$$\underline{C}[\xi] \leqslant \underline{\varepsilon}[\xi] \leqslant \bar{\varepsilon}[\xi] \leqslant \bar{C}[\xi]$$

我们要考虑的问题是：在此时的 Knight 不确定性式（5-4）下，分别使用最大、最小定价法和 Choquet 定价法对欧式股票期权进行定价时，会给出同样的上、下价格吗？即当未定权益为欧式股票期权时，

$$\underline{C}[\xi] = \underline{\varepsilon}[\xi], \quad \bar{C}[\xi] = \bar{\varepsilon}[\xi] \tag{5-5}$$

是否成立？陈增敬，Chen 和 Davison（2005）研究得出：对所有具有有界二阶矩的随机变量 ξ，式（5-5）成立的充要条件是概率测度族 $\mathcal{P}$ 仅含有唯一的元素，即 $k_1 = k_2 = 0$。因而，当 $k_1 \neq k_2$ 或者 $k_1 = k_2 \neq 0$ 时，对有界二阶矩的随机变量 ξ，式（5-5）一般是不成立的。本章将借鉴陈增敬和 Kulperger（2006）的研究思路；探寻在 Knight 不确定性环境式（5-4）下，对于欧式股票期权，两种定价法是否等价？此时，如何估计出欧式股票期权价格的上界与下界？

一、基础知识

下面的结果来自文献（张俊飞、李寿梅，2013）的定理 2-6。

引理 5-3-1　令 $\xi \in L^2(\Omega, \mathcal{F}, P)$，

（1）如果 $Y_t := \bar{\varepsilon}[\xi | \mathcal{F}_t]$，则存在适应过程 $z_r : t \in [0, T]$，满足 (Y_t, z_t) 是下列 BSDE

$$Y_t = \xi + \int_t^T (k_1 z_s 1_{\{z_s < 0\}} + k_2 z_s 1_{\{z_s \geqslant 0\}}) ds - \int_t^T z_s dW_s, \quad t \in [0, T]$$

的解。

（2）如果 $y_t := \underline{\varepsilon}[\xi | \mathcal{F}_t]$，则存在适应过程 $x_t : t \in [0, T]$，满足 (Y_t, x_t) 是下列 BSDE

$$y_t = \xi + \int_t^T (k_1 x_s 1_{\{x_s \geqslant 0\}} + k_2 z_s 1_{\{x_s < 0\}}) ds - \int_t^T x_s dW_s, \quad t \in [0, T]$$

的解。

一般随机微分方程（SDE）形如

$$\begin{cases} dX_t = b(t, X_t)dt + \sigma(t, X_t)dW_t, \ t \in [0, T] \\ X_0 = x \in \mathbf{R} \end{cases} \qquad (5-6)$$

其中，b 和 σ：$[0, T] \times \mathbf{R} \to \mathbf{R}$ 关于 (t, x) 连续；关于 x 为 Lipshictz 连续，则 SDE (5-6) 有满足 $X_T \in L^2 (\Omega, \mathcal{F}, P)$ 的唯一解 X = $\{X_t : t \in [0, T]\}$ (Oksendal，2006)。

下面的引理来自文献 (Chen，Kulperge & Wei，2005) 的定理 2。

引理 5-3-2　令 X 是 SDE (5-6) 的解。假设函数 g 满足 $g(X_T) \in L^2 (\Omega, \mathcal{F}, P)$。考虑下面的 BSDE

$$y_t = g(X_T) + \int_t^T a_s z_s ds - \int_t^T z_s dW_s, \quad t \in [0, T] \qquad (5-7)$$

令 (y_t, z_t) 为其解。

(1) 如果 g 是增函数，则 $z_t \sigma(t, X_t) \geq 0$，a. e. $t \in [0, T]$，其中，a. e. 为 "几乎处处" 的缩写；

(2) 如果 g 是减函数，则 $z_t \sigma(t, X_t) \leq 0$，a. e. $t \in [0, T]$；

(3) 假设 g 是单调（递增或者递减）函数，令 $\{h_i\}_{i=1}^n$ 是一个实数序列，$A_i := \{\omega : \Phi < X_T(\omega)) \geq h_i\}$，i = 1，2，3,…, n. 则对任意正实数序列 $\{b_i\}_{i=1}^n$ 我们有

$$\bar{\varepsilon}\Big[\sum_{i=1}^n b_i 1_{A_i}\Big] = \sum_{i=1}^n b_i \bar{P}[A_i], \quad \underline{\varepsilon}\Big[\sum_{i=1}^n b_i 1_{A_i}\Big] = \sum_{i=1}^n b_i \underline{P}[A_i]$$

其中，$\bar{P}(A) = \bar{\varepsilon}[1_A]$，$\underline{P}(A) = \underline{\varepsilon}[1_A]$。

二、主要结果

定理 5-3-1　假设引理 5-3-2 的条件成立。令 g 是满足 $g(X_T) \in L^2(\Omega, \mathcal{F}, P)$ 的单调函数，则

$$\underline{\varepsilon}[g(X_T)] = \underline{C}[g(X_T)], \quad \bar{\varepsilon}[g(X_T)] = \bar{C}[g(X_T)]$$

证明　为了书写方便，记 $\xi = g(X_T)$。证明将分为四个步骤：

步骤一：假设 $\xi \geq 0$ 并严格以 N 为上界，即 $0 \leq \xi < N$。定义

$$\xi_-^{(n)} := \sum_{i=0}^{2^n-1} \frac{iN}{2^n} 1_{\{\frac{iN}{2^n} \leq \xi < \frac{(i+1)N}{2^n}\}}; \quad \xi_+^{(n)} := \sum_{i=0}^{2^n-1} \frac{(i+1)N}{2^n} 1_{\{\frac{iN}{2^n} \leq \xi < \frac{(i+1)N}{2^n}\}}$$

一方面，有 $0 \leq \xi_-^{(n)} \leq \xi \leq \xi_+^{(n)}$，进一步地，由上期望 $\bar{\varepsilon}$ 的定义可知 $\bar{\varepsilon}$

$[\xi_-^{(n)}] \leqslant \bar{\varepsilon}[\xi] \leqslant \bar{\varepsilon}[\xi_+^{(n)}]$ 。另一方面，在空间 $L^2(\Omega, \mathcal{F}, P)$ 中当 $n \to \infty$ 时，

有 $\xi_-^{(n)} \to \xi$，$\xi_+^{(n)} \to \xi$，进一步地，由上期望 $\bar{\varepsilon}$ 的连续性可知 $\lim\limits_{n \to \infty} \bar{\varepsilon}[\xi_-^{(n)}] = \lim\limits_{n \to \infty}$

$\bar{\varepsilon}[\xi_+^{(n)}] = \lim\limits_{n \to \infty} \bar{\varepsilon}[\xi]$ 。

注意到 $(\xi_-^{(n)})$ 和 $(\xi_+^{(n)})$ 还可以写成：

$$\xi_-^{(n)} = \sum_{i=0}^{2^n-1} \frac{N}{2^n} 1_{\{\xi \geqslant \frac{iN}{2^n}\}} \text{ ; } \xi_+^{(n)} = \sum_{i=0}^{2^n-1} \frac{N}{2^n} 1_{\{\xi \geqslant \frac{(i-1)N}{2^n}\}}$$

由引理 5-3-2（3）和 $\mu(A) = \bar{\varepsilon}[1_A]$ ，可得

$$\bar{\varepsilon}[\xi_-^{(n)}] = \sum_{i=0}^{2^n-1} \frac{N}{2^n} \mu(\xi \geqslant \frac{iN}{2^n}) \text{ , } \bar{\varepsilon}[\xi_+^{(n)}] = \sum_{i=0}^{2^n-1} \frac{N}{2^n} \mu(\xi \geqslant \frac{(i-1)N}{2^n})$$

因为

$$\sum_{i=0}^{2^n-1} \frac{N}{2^n} \mu(\xi \geqslant \frac{iN}{2^n}) \leqslant \int_0^N \mu(\xi \geqslant t) dt \leqslant \sum_{i=0}^{2^n-1} \frac{N}{2^n} \mu(\xi \geqslant \frac{(i-1)N}{2^n})$$

所以

$$\bar{\varepsilon}[\xi_-^{(n)}] \leqslant \int_0^N \mu(\xi \geqslant t) dt \leqslant \bar{\varepsilon}[\xi_+^{(n)}]$$

在上式中，令 $n \to \infty$ 得

$$\bar{\varepsilon}[\xi] = \int_0^N \mu(\xi \geqslant t) dt \tag{5-8}$$

步骤二：令 $\xi^N := \min\{\xi, N-1\}$ ，由步骤一，可得

$$\bar{\varepsilon}[\xi^N] = \int_0^N \mu(\xi \geqslant t) dt \tag{5-9}$$

在式（5-9）中令 $N \to \infty$ ，并注意到 $\lim\limits_{N \to \infty} \bar{\varepsilon}[\xi^N] = \bar{\varepsilon}[\xi]$ 则得

$$\bar{\varepsilon}[\xi] = \int_0^{+\infty} \mu(\xi \geqslant t) dt$$

步骤三：如果 $\xi \leqslant 0$，令 $\bar{\xi} = \xi + N$ ，则 $0 \leqslant \bar{\xi} < 2N$。利用式（5-8），可得

$$\bar{\varepsilon}[\bar{\xi}] = \int_0^{2N} \mu(\bar{\xi} \geqslant t) dt = \int_{-N}^N \mu(\xi \geqslant t) dt$$

另外，

$$\bar{\varepsilon}[\bar{\xi}] = \bar{\varepsilon}[\xi + N] = \bar{\varepsilon}[\xi] + N$$

进而可得，

$$\bar{\varepsilon}[\xi] = \bar{\varepsilon}[\bar{\xi}] - N = \int_{-N}^{0} [\mu(\xi \geq t) - 1] dt + \int_{0}^{N} \mu(\xi \geq t) dt$$

$$(5-10)$$

步骤四：对实数 $N > 0$，令 $g(x) = x \vee (-N+1) \wedge (N-1)$，则 g 是递增函数。令 $\xi^N := g(X_T)$，则 ξ^N 严格以 N 为上界。由步骤三可知，$\bar{\varepsilon}[\xi^N]$ 满足式（5-10）。令 $N \to \infty$，则得

$$\bar{\varepsilon}[\xi] = \int_{-\infty}^{0} [\mu(\xi \geq t) - 1] dt + \int_{0}^{+\infty} \mu(\xi \geq t) dt = \bar{C}[g(X_T)]$$

同理可证 $\underline{\varepsilon}[\xi] = \underline{C}[g(X_T)]$。

推论 5-3-1 假设式（5-6）中的 $\{X_t\} = \{S_t\}$ 表示股票的价格，$b(t, X_t) = u_t S_t$，其中 $a \leq u_t \leq b$，$\sigma(t, X_t) = \sigma_t S_t$，其中 $c \leq \sigma_t \leq d$，$X_0 = S_0 = x > 0$。记 K 为到期时的交割价格，S_T 为到期时的市场价格，则欧式看涨股票期权的回收为 $(S_T - K)^+$，其为 S_T 的增函数；欧式看跌期权的回收为 $(K - S_t)^+$，其为 S_T 的减函数，其中 $(x)^+ = \max\{x, 0\}$，在 Knight 不确定性环境下式（5-4）对欧式股票期权进行定价，Choquet 定价法等价于最大、最小定价法，即有

$$\bar{C}[e^{-rT}(S_T - K)^+] = \bar{\varepsilon}[e^{-rT}(S_T - K)^+], \quad \underline{C}[e^{-rT}(S_T - K)^+] = \underline{\varepsilon}[e^{-rT}(S_T - K)^+]$$

和

$$\bar{C}[e^{-rT}(K - S_T)^+] = \bar{\varepsilon}[e^{-rT}(K - S_T)^+], \quad \underline{C}[e^{-rT}(K - S_T)^+] = \underline{\varepsilon}[e^{-rT}(K - S_T)^+]$$

定理 5-3-2 假设引理 5-3-2 的条件成立。如果对所有 $t \geq 0$，$x \in \mathbf{R}$，有 $\sigma(t, x) > 0$，则存在等价鞅测度 Q_1 和 Q_2 满足：

（1）若 g 是增函数：则有

$$\bar{C}[g(X_T)] = E_{Q_2}[g(X_T)], \quad \underline{C}[g(X_T)] = \bar{E}_{Q_1}[g(X_T)]$$

（2）若 g 是增函数：则有

$$\bar{C}[g(X_T)] = E_{Q_1}[g(X_T)], \quad \underline{C}[g(X_T)] = E_{Q_2}[g(X_T)]$$

其中测度 Q_1 和 Q_2 分别为：

$$\frac{dQ_1}{dP} = \exp\left(-\frac{1}{2}k_1^2 T + k_1 W_T\right), \quad \frac{dQ_2}{dP} = \exp\left(-\frac{1}{2}k_2^2 T + k_2 W_T\right)$$

$$(5-11)$$

证明 （1）考虑下列 BSDE

$$y_t = g(X_T) + \int_t^T (k_1 z_s 1_{\{z_s < 0\}} + k_2 z_s 1_{\{z_s \geq 0\}}) ds - \int_t^T z_s dW_s, \ 0 \leq t \leq T$$

$$(5-12)$$

假设(y_t^{k2}, z_t^{k2})是式(5-12)的解，由引理5-3-1可知，(y_t^{k2}, z_t^{k2})是式(5-12)的唯一解。由引理5-3-2(1)知，$y_t^{k2} = \bar{\varepsilon}[g(X_T) \mid \mathcal{F}]$。记$a_s :=$ $k_1 1_{\{z_s < 0\}} + k_2 1_{\{z_s \geq 0\}}$，则$k_1 \leq a_s \leq k_2$，$0 \leq s \leq T$。由引理5-3-1和已知条件 $\sigma(t, x) > 0$，$t \geq 0$，$x \in \mathbf{R}$。则$z_t^{k2} \geq 0$，a.e.。因为$a_s = k_1 1_{\{z_s < 0\}} + k_2 1_{\{z_s \geq 0\}} =$ k_2，a.e.，则(y_t^{k2}, z_t^{k2})也是式（5-13）

$$y_t = g(X_T) + \int_t^T k_2 z_s ds - \int_t^T z_s dW_s, \ 0 \leq t \leq T \qquad (5-13)$$

的解。令$\overline{W}_s = W_s - k_2 s$，由Girsanov定理可知$\{\overline{W}_s\}$是$Q_2$-布朗运动，其中$Q_2$如式（5-11）所示。所以式（5-13）可以改写为

$$y_t = g(X_T) - \int_t^T z_s d\overline{W}_s, \ 0 \leq t \leq T$$

在上面BSDE的两边取条件期望$E_{Q2}[\cdot \mid \mathcal{F}_t]$可得

$$y_t^{k2} = E_{Q_2}[g(X_T) \mid \mathcal{F}_t]$$

因此可得

$$\bar{\varepsilon}[g(X_T) \mid \mathcal{F}_t] = y_t^{k2} = E_{Q_2}[g(X_T) \mid \mathcal{F}_t]$$

下面来证明

$$\underline{\varepsilon}[g(X_T) \mid \mathcal{F}_t] = E_{Q_1}[g(X_T) \mid \mathcal{F}_t]$$

考虑下列BSDE

$$y_t = g(X_T) + \int_t^T (k_1 z_s 1_{\{z_s \geq 0\}} + k_2 z_s 1_{\{z_s < 0\}}) ds - \int_t^T z_s dW_s, \ 0 \leq t \leq T$$

$$(5-14)$$

假设(y_t^{k1}, z_t^{k1})是式(5-14)的解。由引理5-3-1可知，(y_t^{k2}, z_t^{k2})是式（5-14）的唯一解。由引理5-3-2（2）可知，$y_t^{k1} = \underline{\varepsilon}[g(X_T) \mid \mathcal{F}]$。记$b_s :=$ $k_1 1_{\{z_s \geq 0\}} + k_2 1_{\{z_s < 0\}}$。由引理5-3-1和已知条件可知$b_s = k_1 1_{\{z_s \geq 0\}} + k_2 1_{\{z_s < 0\}} =$ k_1，a.e.，则(y_t^{k1}, z_t^{k1})也是下式

$$y_t = g(X_T) + \int_t^T (k_1 z_s ds - \int_t^T z_s dW_s, \ 0 \leq t \leq T \qquad (5-15)$$

的解。令$W_s = W_s - k_1 s$，由Girsanov定理可知$\{\widetilde{W}_s\}$是Q_1-布朗运动，其中

Q_1 如式（5-15）所示。所以式（5-15）可以改写为

$$y_t = g(X_T) - \int_t^T z_s d\tilde{W}_s, \quad 0 \leqslant t \leqslant T \tag{5-16}$$

在式（5-15）的两边取条件期望 $E_{Q_1}[\cdot \mid \mathcal{F}_t]$ 可得

$$y_t^{k1} = E_{Q_1}[g(X_T) \mid \mathcal{F}_t]$$

因此可得

$$\underline{\varepsilon}[g(X_T) \mid \mathcal{F}_t] = y_t^{k1} = E_{Q_1}[g(X_T) \mid \mathcal{F}_t]$$

由于对任意 $\xi \in L^2(\Omega, \mathcal{F}, P)$，有 $E[\xi \mid \mathcal{F}_0] = E[\xi]$；又由于定理 5-3-1，则得结论。

同理可证。

推论 5-3-2 假设推论 5-3-1 的条件成立，在 Knight 不确定性环境式（5-4）下，可得：

（1）欧式看涨股票期权在零时刻的上、下价格分别为

$$\overline{V}((S_T - K)^+) = E_{Q_2}[e^{-rT}(S_T - K)^+], \quad \underline{V}((S_T - K)^+) = E_{Q_1}[e^{-rT}(S_T - K)^+];$$

（2）欧式看跌期权股票在零时刻的上、下价格分别为

$$\overline{V}((K - S_T)^+) = E_{Q_1}[e^{-rT}(K - S_T)^+], \quad \underline{V}((K - S_T)^+) = E_{Q_2}[e^{-rT}(K - S_T)^+],$$

其中，Q_1，Q_2 由式（5-11）给出。

下面，给出 Knight 不确定性环境式（5-4）下，欧式股票期权上、下价格的计算公式。

令 $F_P(\xi)$ 表示随机变量 ξ 关于概率测度 P 的分布函数。记 $N(\mu, \sigma^2)$ 表示均值为 μ，方差为 σ^2 的正态分布。记 Φ 为标准正态分布函数。我们知道，$F_P(W_T) = N(0, T)$。由定理 3-2 可知，$F_{Q_2}(W_T - k_2 T) = N(0, T)$，$F_{Q_1}(W_T - k_1 T) = N(0, T)$。因此，有 $F_{Q_2}(W_T) = N(k_2 T, T)$，$F_{Q_1}(W_T) = N(k_1 T, T)$。

特别地，在 SDE(5-6) 中如果 $b(t, X_t) = 0$，$\sigma(t, X_t) = 1$，并且 $g(x) = x$，由定理 5-3-2 可得

$$\overline{C}[W_T] = E_{Q_2}[W_T] = k_2 T, \quad \underline{C}[W_T] = E_{Q_1}[W_T] = k_1 T$$

为了简单，不妨假设无风险利率 r 为常数并且 $a \geqslant r$，此时，$k_1 = \dfrac{a-r}{d}$，$k_2 = \dfrac{b-r}{c}$。当然，我们的结果很容易推广到 r 不是常数以及 $a < r < b$，$r \geqslant b$ 的

情形。

推论 5-3-3 假设推论 5-3-1 的条件成立，无风险利率 r 为常数并且 a≥r。在 Knight 不确定性环境式（5-4）下，可得：

（1）欧式看涨股票期权在零时刻的上、下价格分别为：

$$\bar{V}((S_T - K)^+) = xe^{2(b-r)T}\Phi(-\frac{d_2 - cT}{\sqrt{T}}) - Ke^{-rT}\Phi(-\frac{d_2}{\sqrt{T}}) \tag{5-17}$$

$$\underline{V}((S_T - K)^+) = xe^{2(a-r)T}\Phi(-\frac{d_1 - dT}{\sqrt{T}}) - Ke^{-rT}\Phi(-\frac{d_1}{\sqrt{T}}) \tag{5-18}$$

（2）欧式看涨股票期权在零时刻的上、下价格分别为：

$$\bar{V}((K - S_T)^+) = Ke^{-rT}\Phi(\frac{d_1}{\sqrt{T}}) - xe^{2(a-r)T}\Phi(\frac{d_1 - dT}{\sqrt{T}}) \tag{5-19}$$

$$\underline{V}((K - S_T)^+) = Ke^{-rT}\Phi(\frac{d_2}{\sqrt{T}}) - xe^{2(a-r)T}\Phi(-\frac{d_2 - cT}{\sqrt{T}}) \tag{5-20}$$

其中，$d_1 = \dfrac{\ln\frac{K}{x} - (2a-r-\frac{1}{2}d^2)T}{d}$, $d_2 = \dfrac{\ln\frac{K}{x} - (2b-r-\frac{1}{2}c^2)T}{c}$

证明 只给出欧式看涨股票期权上价格计算公式的证明，其他可类似。

由推论 5-3-2，可得欧式看涨股票期权的上价格为

$$\bar{V}((S_T - K)^+) = E_{Q_2}[e^{-rT}(S_T - K)^+]$$

$$= e^{-rT}E_{Q_2}[(xe^{(u-\frac{1}{2}\sigma^2)T} + \sigma W_T - K)^+]$$

$$= e^{-rT}E_P[(xe^{(k_2\sigma+\mu-\frac{1}{2}\sigma^2)T} + \sigma W_T - K)^+]$$

$$= e^{-rT}\int_{d2}^{\infty}(xe^{(k_2\sigma+\mu-\frac{1}{2}\sigma^2)T+\sigma\alpha} - K)\frac{1}{\sqrt{2\pi T}}e^{-\frac{\alpha^2}{2T}}d\alpha$$

$$= e^{-rT}\left[xe^{(k_2\sigma+\mu)T}\Phi(-\frac{d_2 - \sigma T}{\sqrt{T}}) - K\Phi(-\frac{d_2}{\sqrt{T}})\right]$$

其中，$\mu = b$, $\sigma = c$, $d_2 = \dfrac{\ln\frac{K}{x} - (k_2c+b-\frac{1}{2}c^2)T}{c}$

第四节　基于 Choquet 布朗运动的期权定价方法

传统的期权定价模型，包括 Black-Scholes 模型、跳扩散模型、随机利率模型及随机波动模型等，都假设概率测度是唯一且已知存在的，并采用随机性来刻画定价问题的不确定性。但是，越来越多的实证研究表明，这个假设过于严格，导致它们计算出来的期权价格与期权的实际市场价格经常存在较大的偏差。原因在于，以往的定价模型都忽略了金融市场上的 Knight 不确定性。在实际期权定价问题中，风险和 Knight 不确定性可以分解为随机性和模糊性两个部分，也就是说，影响价格大小的因素不仅具有随机性还具有模糊性。

一、资产价格的刻画模型

考虑到金融实际市场中的随机性和模糊性，我们用 Choquet 布朗运动来模拟风险资产的价格过程。

在容度框架下，Choquet 布朗运动 W_t 可以表示如下

$$dW_t = mdt + sdB_t$$

其中，B_t 为标准维纳过程，$m = 2c-1$，$s^2 = 4c\,(1-c)$，容度 $c \leqslant \dfrac{1}{2}$。假设 S_t 表示某风险资产在 t 时刻的价格，其可以用下面的模型来模拟：

$$\frac{dS_t}{S_t} = \nu dt + \sigma dW_t$$

其中，ν 表示资产以连续复利的年预期收益率；σ 表示资产年收益率的标准差，简称资产价格的波动率。进一步地，有

$$\frac{dS_t}{S_t} = (\nu + m\sigma)\,dt + s\sigma dB_t \tag{5-21}$$

二、Black-Scholes 期权定价模型

下面讨论 Black-Scholes 期权定价模型，其假设条件如下：

（1）股票的当前价格为 S，其遵循 Choquet 布朗运动式（5-21），简记为 $dS=(\nu+m\sigma)Sdt+s\sigma SdB$，其中，$\nu$ 为股票价格的年预期收益率（以连续复利表示）；σ 表示股票价格的波动率，即股票的年收益率在单位时间内的标准差；dt 表示时间的变化量；dS 表示股票价格的变化量。假设 ν，σ 和 m 都是已知的常数。

（2）在期权的有效期内，股票不支付红利。

（3）没有交易费用和税金，不考虑保证金，即不存在任何影响收益的外部因素。

（4）股票市场允许卖空，且证券都是完全可分的。

（5）在期权有效期内，无风险利率 r 为常数，投资者可以按照此利率无限制地进行借贷。

（6）期权为欧式看涨期权，执行价格为 K，到期时间为 T。

（7）不存在无风险套利机会。

如随机变量 x 遵循伊藤过程，即 $dx=a(x, t)dt+b(x, t)dB$，则随机变量 x 和时间 t 的函数 G 将遵循如下伊藤过程：

$$dG=\left(\frac{\partial G}{\partial x}a+\frac{\partial G}{\partial t}+\frac{1}{2}\frac{\partial^2 G}{\partial x^2}b^2\right)dt+\frac{\partial G}{\partial x}bdB \qquad (5-22)$$

式（5-22）即为伊藤定理。如果 f 是依赖于股票价格 S 的衍生证券的价格，则 f 是股票价格 S 和时间 t 的函数，因此由式（5-22）可得

$$\Delta f=\left(\frac{\partial f}{\partial S}(\nu+m\sigma)S+\frac{\partial f}{\partial t}+\frac{1}{2}\frac{\partial^2 f}{\partial S^2}s^2\sigma^2 S^2\right)\Delta t+\frac{\partial f}{\partial S}s\sigma S\Delta B \qquad (5-23)$$

考虑一个投资组合：一单位衍生证券空头和 $\frac{\partial f}{\partial S}$ 单位标的股票多头，并令 π 为该投资组合的价值，则有

$$\pi=-f+\frac{\partial f}{\partial S}S \qquad (5-24)$$

在 Δt 时间以后，该投资组合的价值变化量 $\Delta\pi$ 为：

$$\Delta\pi=-\Delta f+\frac{\partial f}{\partial S}\Delta S \qquad (5-25)$$

如前文所述，股票价格的变化量可以表示为：

$$\Delta S = (\nu + m\sigma) S\Delta t + s\sigma S\Delta B \qquad (5-26)$$

将式（5-23）和式（5-26）代入式（5-25）中，变形可得

$$\Delta \pi = -\left(\frac{\partial f}{\partial t} + \frac{1}{2}\frac{\partial^2 f}{\partial S^2}s^2\sigma^2 S^2\right)\Delta t \qquad (5-27)$$

式（5-27）不含随机项 ΔB，表明该投资组合的价值在很短的时间区间 Δt 之后没有风险，所以该组合在 Δt 时期内的瞬间收益率等于 Δt 时期内的无风险收益率，即有

$$\Delta \pi = r\pi\Delta t \qquad (5-28)$$

将式（5-24）和式（5-25）代入式（5-28）中，即得

$$-\left(\frac{\partial f}{\partial t} + \frac{1}{2}\frac{\partial^2 f}{\partial S^2}s^2\sigma^2 S^2\right)\Delta t = r\left(-f + \frac{\partial f}{\partial S}S\right)\Delta t \qquad (5-29)$$

将式（5-29）化简，就可以得到关于衍生证券价格 f 的 Black-Scholes 微分方程如下：

$$\frac{\partial f}{\partial t} + rS\frac{\partial f}{\partial S} + \frac{1}{2}s^2\sigma^2 S^2\frac{\partial^2 f}{\partial S^2} = rf \qquad (5-30)$$

Black-Scholes 微分方程有很多种解，基于不同的衍生证券的边界约束条件，可以求得不同的衍生证券的价格。下面来讨论欧式期权的 Black-Scholes 定价公式。

对于欧式看涨期权，边界约束条件为

$$f = \max(S_T - K, \ 0) \qquad (5-31)$$

式（5-31）是欧式看涨期权在到期时间 T 的价值。因为股票价格是一个随机变量，所以 f 也是一个随机变量。在风险中性假设下，求 f 的期望值，并应用无风险利率将其折现到当前时刻，即得欧式看涨期权在当前时刻的价值为：

$$C = e^{-rT}E[\max(S_T - K, \ 0)] = e^{-rT}\int_K^{\infty}(s - K)g(s)\,ds \qquad (5-32)$$

其中，g(s) 表示股票价格 S_T 的密度函数。在第四章中，我们知道，股票价格 S_T 服从对数正态分布。在风险中性假设下，把股票价格的对数正态分布中的预期收益率 ν 替换为无风险收益率 r，即得

$$\ln S_T \sim N\left[\ln S + \left(r + m\sigma - \frac{1}{2}s^2\sigma^2\right)T, \ s^2\sigma^2 T\right] \qquad (5-33)$$

根据式（5-33）可以写出 g(s) 的密度函数，将其代入式（5-32）中并求解，可以得到欧式看涨期权的定价公式为：

$$C = S\Phi(d_1) - K e^{-rT}\Phi(d_2) \tag{5-34}$$

其中

$$d_1 = \frac{\ln(S/K) + \left(r + m\sigma + \frac{1}{2}s^2\sigma^2\right)T}{s\sigma\sqrt{T}}$$

$$d_2 = \frac{\ln(S/K) + \left(r + m\sigma - \frac{1}{2}s^2\sigma^2\right)T}{s\sigma\sqrt{T}} = d_1 - s\sigma\sqrt{T}$$

其中，C 为欧式看涨期权的价格，$\Phi(x)$ 为标准正态分布的累积分布函数。

根据欧式看涨期权和欧式看跌期权之间的平价关系，可以得到欧式看跌期权的定价公式为：

$$P = C + Ke^{-rT} - S = Ke^{-rT}\Phi(-d_2) - S\Phi(-d_1) \tag{5-35}$$

三、进一步讨论

（1）在前面的讨论中，我们假设股票不支付红利。如果股票红利的现值为 D，只要将式（5-34）和式（5-35）中的 S 换为(S-D)，即可求出支付红利股票的欧式看涨期权和看跌期权的价格。如果股票的年股利率为连续复利 τ，只要用 $S e^{-\tau T}$ 代替式（5-34）和式（5-35）中的 S，就可求出支付连续年收益率证券的欧式看涨期权和看跌期权的价格。

（2）对于不支付红利股票的美式看涨期权不会被提前执行，所以其价值等于欧式看涨期权的价值，也可以应用前面的解析表达式求解，但基于不支付红利股票的美式看跌期权的价值只能通过数值算法求解，这是因为，美式看涨期权和美式看跌期权之间不存在欧式期权中的平价关系。

美式看涨期权之所以不应该提前执行，可解释为：提前执行期权意味着提前支付购买股票的价款，这会使期权持有人损失一部分投资收益；另外，看涨期权具有保险作用，当股票价格下跌到执行价格以下时，期权持有人不会继续遭受损失，而股票持有人会继续遭受损失。

第五节　区间系数回归模型

在期权定价中，通常采用一个包含漂移系数和波动率系数的随机微分方程来定义标的资产的价格过程。一直以来，确定一个价格过程的波动率系数成为学者们所面临的难题。作为刻画资产价格统计特性的重要参数，波动率与其他市场变量可能存在相关性，会随着市场变量的变化而变化，其具有不确定性，难以预测。由于波动率具有不确定性，学术界通常假定其在一定范围内变化，即假定其为区间值的。但在实际应用中，如何得到区间值波动率？这需要研究区间值统计模型、参数估计与假设检验方法。

本节主要讨论区间系数回归模型。

一、引言

回归模型是一种常用的统计工具。在有些实际问题中，回归模型中的自变量不是随机变量，而是代表可以在试验中控制的试验条件，因变量则表示试验指标的观测值；此时，可以把自变量作为一个系统的输入，而把因变量作为系统的输出，回归模型的回归函数部分解释为模型的系统部分或信号部分，这样的回归模型则被称作一个系统模型（杨振海、张忠占，2005）。比如：实验人员研究电压的稳定程度、灯泡的启动频率、环境温度等因素对灯泡使用寿命的影响。在此实验中，因变量是灯泡的使用寿命的观测值，自变量是电压的稳定程度、灯泡的启动频率和环境温度，我们可以采用多元线性回归模型来分析这些因素对灯泡寿命的影响程度。

然而，继续考察上面的实验，我们不难发现：由于检测一批灯泡的使用寿命所需时间较长，实验人员不可能一直待在实验室，所以得到的灯泡寿命不可能都是精确的数值，而只能用一系列的区间来表示。这种情况下，因变量的观测值是区间值数据，无法再采用传统的回归模型来分析影响因素对灯泡寿命的影响程度。

实际上，由于不确定性的存在，我们常常不得不面对很多区间值数据（Denoeux & Masson，2000，2004），比如某种产品的使用寿命、某段时间内的股票价格、某地的气温等。为此，本书提出了一种新的统计模型——区间系数回归模型，用来分析因变量的观测值是区间值数据，而自变量的观测值是实值的回归问题。

二、预备知识

(一) 多元线性回归模型

定义 5-5-1　设随机变量 Y 与普通自变量X_1，X_2，X_3，$\cdots$，X_n满足线性关系

$$Y = \beta_0 + \beta_1 X_1 + \beta_2 X_2 + \cdots + \beta_n X_n + \varepsilon \tag{5-36}$$

其中，β_0，β_1，β_2，$\cdots$，β_n是待定系数，ε 是随机误差且服从正态分布 N（0，ε^2）。对于自变量任意取定的一组数值x_{1t}，x_{2t}，$x_{3t}\cdots$，x_{nt}，相应地得到随机变量y_t为

$$y_t = \beta_0 + \beta_1 x_{1t} + \beta_2 x_{2t} + \cdots + \beta_n x_{nt} + \varepsilon_t,\ t = 1,\ 2,\ \cdots,\ l$$

其中，ε_1，ε_2，$\varepsilon_3\cdots$，ε_l相互独立且服从同一正态分布 N（0，ε^2）。这就是多元线性回归模型（李忠范、高文森，2007）。

(二) 区间值随机变量

令 K（R）为实数轴 $\Re$ 上的所有有界闭区间的集合，即 K（$\Re$）= $\{[a,\ b]:\ -\infty < a < b \leqslant +\infty\}$。

设区间 A = $[a, b] \in K(\Re)$，则 A 的中点和半径分别为$m_A = \dfrac{a+b}{2}$，$r_A = \dfrac{b-a}{2}$。区间 A 可被表示为 A = $\langle m_A;\ r_A \rangle$。一个实数 a 可表示为 a = [a, a] = $\langle a;\ 0 \rangle$。如果A_1，$A_2 \in K(\Re)$，$A_1 = [a_1,\ b_1] = \langle m_1;\ r_1 \rangle$，$A_2 = [a_2,\ b_2] = \langle m_2;\ r_2 \rangle$，则有

$$A_1 + A_2 = [a_1+a_2,\ b_1+b_2] = \langle m_1+m_2;\ r_1+r_2 \rangle$$

和

$$kA_1 = \langle |k|m_1;\ |k|r_1 \rangle$$

定义 K（$\Re$）上的度量d_p为

$$d_p(A_1,\ A_2) = [|a_2 - a_1|^p + |b_2 - b_1|^p]^{1/p}$$

$$= [\, | \, (m_2-m_1) - (r_2-r_1) \, |^p + | \, (m_2-m_1) + (r_2-r_1) \, |^p \,]^{1/p}$$

假设（Ω，F）为一个可测空间。定义 $P(\mathfrak{R})$ 为 $\mathfrak{R}$ 的所有非空闭子集的集合。

定义 5-5-2 （Li，Ogura & Kreinovich，2002）设集值映射 $\rho: \Omega \to P(\mathfrak{R})$，如果对每个开子集 $O \subset R$，有 $\rho^{-1}(O) \in F$，则称 ρ 为可测的。一个可测的集值映射也被称为集值随机变量。

取值为区间值的集值随机变量被称为区间值随机变量。令 $\mathcal{H}(\mathfrak{R}，K(\mathfrak{R}))$ 为所有在 $K(\mathfrak{R})$ 上取值的区间值随机变量的集合。

对 $F(x) \in \mathcal{H}(\mathfrak{R}，K(\mathfrak{R}))$，$F(x) = [f(x)，h(x)] = \langle m(x); r(x) \rangle$，其中 $f(x)$，$h(x)$，$m(x)$，$r(x)$ 是 $\mathfrak{R}$ 上的随机变量，$f(x) \leqslant h(x)$，$m(x) = \dfrac{f(x) + h(x)}{2}$，$r(x) = \dfrac{f(x) - h(x)}{2}$，$x \in \mathfrak{R}$。

$F(x)$ 的期望为

$$E(F(x)) = [E(f(x))，E(h(x))] = \langle E(m(x)); E(r(x)) \rangle$$

$F(x)$ 的方差为

$$\begin{aligned} Var(F(x)) &= E(|f(x) - E(f)|^2) + E(|h(x) - E(h)|^2) \\ &= E(|m(x) - E(m) - (r(x) - E(r))|^2) + \\ &\quad E(|m(x) - E(m) + (r(x) - E(r))|^2) \end{aligned}$$

对 $F_1(x)$，$F_2(x) \in \mathcal{H}(\mathfrak{R}，K(\mathfrak{R}))$，其协方差为

$$Cov(F_1(x)，F_2(x))$$
$$= E(|f_1(x) - E(f_1)| \, |f_2(x) - E(f_2)|) + E(|h_1(x) - E(h_1)| \, |h_2(x) - E(h_2)|)$$
$$= E(|m_1(x) - E(m_1) - (r_1(x) - E(r_1))| \, |m_2(x) - E(m_2) - (r_2(x) - E(r_2))|) +$$
$$E(|m_1(x) - E(m_1) + (r_1(x) - E(r_1))| \, |m_2(x) - E(m_2) + (r_2(x) - E(r_2))|)$$

三、回归系数的最小二乘估计

将区间系数回归模型表示为

$$E(y) = X\beta, \tag{5-37}$$

其中，随机变量 Y 的观测值为区间值，$y = (y_1，y_2，y_3，\cdots，y_n)^T$，$y_i = [a_{y_i}，b_{y_i}] = \langle m_{y_i}; r_{y_i} \rangle$，矩阵 $X = (1 \ x_{ij})_{i=1,j=1}^{n,p}$ 为 $n \times (1+p)$ 阵，$\beta = (\beta_0，\beta_1，\beta_2，\cdots，\beta_p)^T$ 为 $(p+1) \times 1$ 区间值系数矩阵。

为了估计回归系数，可要求观测值 y_i 与其均值 $\beta_0 + \beta_1 x_{i1} + \beta_2 x_{i2} + \cdots + \beta_p x_{ip}$

的偏离越小越好，可要求$d_2^2(y, X\beta)$到达最小。由区间的度量d_p的定义可知，

$$d_2^2(y, X\beta) = \sum_{i=1}^{n} d_2^2(y_i, \beta_0 + \beta_1 x_{i1} + \beta_2 x_{i2} + \cdots + \beta_p x_{ip})$$

$$= \sum_{i=1}^{n} [(m_{y_i} - m_{\beta_0} - m_{\beta_1} x_{i1} - m_{\beta_2} x_{i2} - \cdots - m_{\beta_p} x_{ip}) - (r_{y_i} - r_{\beta_0} - r_{\beta_1}|x_{i1}| - r_{\beta_2}|x_{i2}|\cdots - r_{\beta_p}|x_{ip}|)]^2$$

$$= \sum_{i=1}^{n} [(m_{y_i} - m_{\beta_0} - m_{\beta_1} x_{i1} - m_{\beta_2} x_{i2} - \cdots - m_{\beta_p} x_{ip}) + (r_{y_i} - r_{\beta_0} - r_{\beta_1}|x_{i1}| - r_{\beta_2}|x_{i2}|\cdots - r_{\beta_p}|x_{ip}|)]^2$$

$$= 2\sum_{i=1}^{n} [(m_{y_i} - m_{\beta_0} - m_{\beta_1} x_{i1} - m_{\beta_2} x_{i2} - \cdots - m_{\beta_p} x_{ip})^2 + (r_{y_i} - r_{\beta_0} - r_{\beta_1}|x_{i1}| - r_{\beta_2}|x_{i2}|\cdots - r_{\beta_p}|x_{ip}|)^2]$$

令

$$\frac{\partial d_2^2(y, X\beta)}{\partial m_{\beta_0}} = 0, \quad \frac{\partial d_2^2(y, X\beta)}{\partial r_{\beta_0}} = 0$$

和

$$\frac{\partial d_2^2(y, X\beta)}{\partial m_{\beta_j}} = 0, \quad \frac{\partial d_2^2(y, X\beta)}{\partial r_{\beta_j}} = 0, \quad j = 0, 1, 2, \cdots, p$$

即得

$$\begin{cases} \sum_{i=1}^{n} (m_{y_i} - m_{\beta_0} - m_{\beta_1} x_{i1} - m_{\beta_2} x_{i2} - \cdots - m_{\beta_p} x_{ip}) = 0 \\ \sum_{i=1}^{n} (r_{y_i} - r_{\beta_0} - r_{\beta_1}|x_{i1}| - r_{\beta_2}|x_{i2}|\cdots - r_{\beta_p}|x_{ip}|) = 0 \end{cases} \quad (5\text{-}38)$$

和

$$\begin{cases} \sum_{i=1}^{n} (m_{y_i} - m_{\beta_0} - m_{\beta_1} x_{i1} - m_{\beta_2} x_{i2} - \cdots - m_{\beta_p} x_{ip})(-x_{ij}) = 0 \\ \sum_{i=1}^{n} (r_{y_i} - r_{\beta_0} - r_{\beta_1}|x_{i1}| - r_{\beta_2}|x_{i2}|\cdots - r_{\beta_p}|x_{ip}|)(-x_{ij}) = 0 \end{cases}$$

$$(5\text{-}39)$$

其中，$j = 0, 1, 2, \cdots, p$。综合式（5-38）和式（5-39），并写成矩阵形式，即为

$$\begin{cases} X^T m_y = X^T X m_\beta \\ |X|^T r_y = |X|^T |X| r_\beta \end{cases} \tag{5-40}$$

其中，$|X| = (1 |x_{ij}|)_{i=1,j=1}^{n,p}$。

定理 5-5-1 如果矩阵 X 和 $|X|$ 的秩为 $1+p$，那么区间系数回归模型式（5-36）的参数最小二乘估计存在且唯一，将其记作 $\hat{\beta}_{LS}$，则

$$\hat{\beta}_{LS} = \langle (X^T X)^{-1} X^T m_y ; (|X|^T |X|)^{-1} |X|^T r_y \rangle \tag{5-41}$$

定理 5-5-2 $\hat{\beta}_{LS}$ 是 β 的无偏估计。

证明： 因为 $E(y) = X\beta = \langle X m_\beta ; X r_\beta \rangle$，则有

$$\begin{aligned} E(\hat{\beta}_{LS}) &= E \langle (X^T X)^{-1} X^T m_y ; (|X|^T |X|)^{-1} |X|^T r_y \rangle \\ &= \langle (X^T X)^{-1} X^T E(m_y) ; (|X|^T |X|)^{-1} |X|^T E(r_y) \rangle \\ &= \langle (X^T X)^{-1} X^T X m_\beta ; (|X|^T |X|)^{-1} |X|^T X r_\beta \rangle \\ &= \langle m_\beta ; r_\beta \rangle = \beta \end{aligned}$$

四、实证分析

下面，利用本节构建的区间系数回归模型来研究气温与纬度的关系。选取 15 个国家，利用其纬度及最高温度、最低温度数据，如表 5-1 所示，来研究气温随纬度的变化而变化的规律。

表 5-1 15 个国家的纬度、最低温度、最高温度

国家	纬度（x_i）	最低温度（℃）	最高温度（℃）	m_{y_i}	r_{y_i}
雅典	38	24	34	29	5
马德里	40.4	19	31	25	6
伊斯坦布尔	41	23	30	26.5	3.5
罗马	41.9	23	33	28	5
马赛	43.3	19	31	25	6
日内瓦	46.25	13	28	20.5	7.5
巴黎	48.8	19	26	22.5	3.5
布鲁塞尔	50.8	14	25	19.5	5.5
伦敦	51.5	14	21	17.5	3.5

续表

国家	纬度（x_i）	最低温度（℃）	最高温度（℃）	m_{y_i}	r_{y_i}
柏林	52.5	13	23	18	5
莫斯科	55.75	14	24	19	5
斯德哥尔摩	59.3	12	20	16	4
圣彼得堡	59.9	13	22	17.5	4.5
卑尔根	60.4	14	20	17	3
雷克雅未克	64	11	17	14	3

由表 5-1 中数据，可知 $X = \begin{pmatrix} 1 & x_1 \\ 1 & x_2 \\ \vdots & \vdots \\ 1 & x_{15} \end{pmatrix}$，进而有

$$(X^T X)^{-1} = \begin{pmatrix} 2.661962 & -0.05164 \\ -0.05164 & 0.001028 \end{pmatrix}$$

于是根据定理 5-5-1，可得

$$\hat{\beta}_{LS} = \langle (X^T X)^{-1} X^T m_y; \ (|X|^T|X|)^{-1}|X|^T r_y \rangle = \begin{pmatrix} \langle 47.52061; \ 8.48877 \rangle \\ \langle -0.52774; \ -0.07606 \rangle \end{pmatrix}$$

则得

$$\hat{\beta}_0 = \langle 47.52061; \ 8.48877 \rangle = [39.03184, \ 56.00939]$$

和

$$\hat{\beta}_1 = \langle -0.52774; \ -0.07606 \rangle = [-0.45168, \ -0.60380]$$

所以温度与纬度之间的线性关系为

$$\hat{y} = [39.03184 - 0.45168x, \ 56.00939 - 0.60380x]$$

如图 5-1 所示。

五、结论

利用区间系数回归模型，算得标准误差为

$$d_2(y, \ \hat{y}) = \frac{1}{15} \sum_{i=1}^{15} d_2(y_i, \ \hat{y}_i) = 0.690874$$

如果分别作一元线性回归，可得 15 个国家的最高气温与其国家纬度的线性关系为 $y = 56.00954 - 0.6038x$，其标准误差为 1.630992；15 个国家的最高气温与其国家纬度的线性关系为 $y = 39.03196 - 0.45168x$，其标准误差为 2.366606（见图 5-1）。

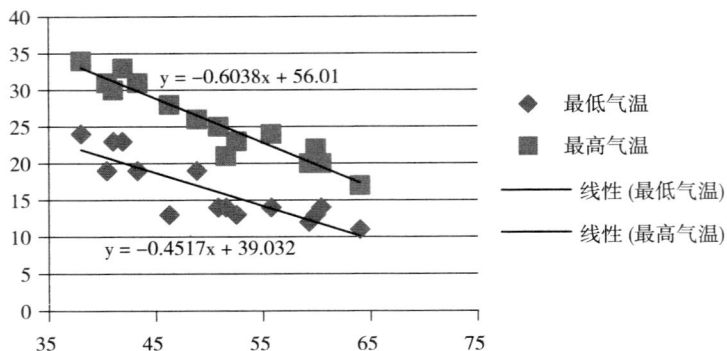

图 5-1　各个国家最低气温、最高气温与纬度的关系

显然，采用区间系数回归模型来研究某些问题，可以显著降低统计误差。

第六章

几何过程中密度函数的估计

第一节　引言

在可修系统的可靠性分析中，通常总是假定组成系统的部件发生故障后能够"修复如新"。这是一种非常理想的情况。在实际生产中，由于系统的老化和磨损，许多系统都是退化的，故障部件未必都能"修复如新"，而是随着时间的推移，每次修复后的使用寿命越来越短，并且每次故障后的维修时间越来越长，以至于部件最终将无法工作也无法再维修。Lam Y. (1988) 首次用几何过程来描述这种退化系统，并且研究了系统的更换问题。用几何过程来描述系统的工作过程比之前的更新过程更加切合实际。随后，几何过程就被广泛应用，包括单部件系统、多部件系统、串联系统、多状态系统等（Lam Y.，1988；Wang & Zhang，2014；Shen，Liu & Zhang，2014；高俏俏、岳德权，2015）。

定义 6-1-1　称一个随机过程 $\{X_n, n=1, 2, \cdots\}$ 为一几何过程，如果存在一实数 a>0，使得 $\{a^{n-1}X_n, n=1, 2, 3, \cdots\}$ 为一更新过程。实数 a 称为几何过程的比。显然

若 a>1，则 $\{X_n, n=1, 2, 3, \cdots\}$ 是随机递减的，相应的几何过程称为递减的几何过程。

若 0<a<1，则 $\{X_n, n=1, 2, 3, \cdots\}$ 是随机递增的，相应的几何过程称为递增的几何过程。

若 a=1，过程 $\{X_n, n=1, 2, 3, \cdots\}$ 为一更新过程。

进一步地，如果令 $\lambda = E(X_1)$，$\sigma^2 = Var(X_1)$ 则有

$$E(X_n) = \frac{\lambda}{a^{n-1}}, \quad Var(X_n) = \frac{\sigma^2}{a^2(n-1)}$$

从而，给定一个几何过程，参数 a，λ，σ 是几何过程的三个重要的参数。

对于几何过程中参数的估计问题已有不少研究结果。Lam Y.（1992）求出了参数 a 的最小二乘估计和参数 λ，σ 的距估计，并指出了估计的优良性。Lam Y. 和 Chan S. K.（1998）研究了当几何过程中 X_1 服从对数正态分布时，三个参数的极大似然估计。一般地，在 X_1 的分布已知的情形下，Yang、Yu 和 Yang（2006）研究了参数 a 的极大似然估计问题，证明了估计量的存在性和相合性以及渐近正态性。

以前的研究都是基于 X_1 的密度函数 f(·) 已知情形下展开的，但在实际应用中，几何过程中 X_1 的密度函数 f(·) 通常未知。于是，我们自然想知道：当 f(·) 未知时，能否寻求到一种可以估计出参数 a 的方法？可以估计出密度函数吗？

本章是在 Yang、Yu 和 Yang 研究的基础之上做的进一步探讨。首先，讨论类似故障率函数及其性质。接着，当 X_1 的密度函数 f(·) 未知时，给出了估计密度函数 f(·) 的方法。最后，讨论了 X_1，X_2，X_3，…，X_n 是一组相互独立同分布的随机变量时，估计其共同分布的密度函数的问题。

第二节　类似故障率函数

令随机变量 Z 的密度函数为 f(z)，z≥0。称函数 f(z) 的类似故障率函数（Like Failure Rate Function）为

$$W_f(z) = -\frac{zf'(z)}{f(z)} \tag{6-1}$$

简记为 W(z)。显然有

$$f(z) = f(0)e^{-\int_0^z \frac{w(x)}{x}dx}$$

可知 W(Z) 的数学期望 $E_f(W(Z))$（简记为 $E_f(W_f)$）为 1。这是因为

$$E_f(W_f) = \int_0^\infty -\frac{zf'(z)}{f(z)}f(z)dz = -\int_0^\infty zf'(z)dz = 1$$

下面在几种特殊情况下来讨论类似故障率函数。

（1）设随机变量 Z 服从参数为 λ 的指数分布，即 $f(z) = \lambda e^{-\lambda z}$，z≥0，则 $W(Z) = -\frac{zf'(z)}{f(z)} = \lambda Z$。此时 $E_f(W_f) = 1$，方差 $Var(W_f) = 1$。

（2）设随机变量 Z 服从 Weibull 分布，密度函数为 $f(z) = \lambda\alpha z^{\alpha-1}e^{-\lambda z^{\alpha}}$，$z \geqslant 0$。则 $W(z) = -(\alpha-1) + \alpha\lambda z^{\alpha}$。可知 $E_f(W_f) = 1$。

令 $f_1(z) = \lambda_1\alpha_1 z^{\alpha_1-1}e^{-\lambda_1 z^{\alpha_1}}$，$z \geqslant 0$，$\lambda_1 \neq \lambda$，$\alpha_1 \neq \alpha$，则

$$E_{f_1}(W_f) = E_{f_1}(-(\alpha-1) + \alpha\lambda z^{\alpha})$$

$$= -(\alpha-1) + \alpha\lambda E_{f_1}(Z^{\alpha})$$

$$= -(\alpha-1) + \alpha\lambda\int_0^{\infty}\lambda_1\alpha_1 z^{\alpha_1+\alpha-1}e^{-\lambda_1 z^{\alpha_1}}dz$$

$$= -(\alpha-1) + \alpha\lambda\cdot\lambda_1\int_0^{\infty}x^{\frac{\alpha}{\alpha_1}}e^{-\lambda_1 x}dx \quad (\text{其中 } x = z^{\alpha_1})$$

$$= -(\alpha-1) + \alpha\lambda\cdot\frac{\Gamma\left(\dfrac{\alpha}{\alpha_1}+1\right)}{\lambda_1^{\frac{\alpha}{\alpha_1}}}$$

显然 $E_{f_1}(W_f) \neq E_f(W_f)$。仅当 $\lambda_1 = \lambda$，$\alpha_1 = \alpha$ 时，$E_{f_1}(W_f) = E_f(W_f)$。

此时 $W(Z)$ 的方差为 $Var(W_f) = \alpha^2\lambda^2 Var(Z^{\alpha}) = \alpha^2$。

（3）设随机变量 Z 服从 Gamma 分布，其密度函数为 $f(z, \gamma, \alpha) = \dfrac{\gamma^{\alpha}z^{\alpha-1}}{\Gamma(\alpha)}e^{-\gamma z}$，$z \geqslant 0$。则 $W(z) = -(\alpha-1) + \gamma z$。可知 $E_f(W_f) = 1$。

令 $f_1(z, \gamma_1, \alpha_1) = \dfrac{\gamma_1^{\alpha_1}z^{\alpha_1-1}}{\Gamma(\alpha_1)}e^{-\gamma_1 z}$，$z \geqslant 0$，$\gamma_1 \neq \gamma$，$\alpha_1 \neq \alpha$，则

$E_{f_1}(W_f) = E_{f_1}(-(\alpha-1) + \gamma z) = -(\alpha-1) + \gamma E_{f_1}(z) = -(\alpha-1) +$ $\gamma\left(\dfrac{\alpha_1}{\gamma_1}\right)$。显然 $E_{f_1}(W_f) \neq E_f(W_f)$。仅当 $\alpha_1 = \alpha$，$\gamma_1 = \gamma$ 时，$E_{f_1}(W_f) = E_f(W_f)$。

此时 $W(Z)$ 的方差为 $Var(W_f) = \alpha^2$。

注 6-2-1 若类似故障率函数有形如式（6-1）至式（6-3）中介绍的幂的线性组合形式，即

$$W_f(z) = \gamma z^{\beta} - \mu, \quad \beta > 0, \quad \gamma > 0$$

则 $W(Z)$ 的密度函数为

$$fw(z) = c\exp\left(\int_0^z(-\gamma z^{\beta-1} + \frac{\mu}{z})dz\right) = cz^{\mu}e^{-\frac{\gamma}{\beta}z^{\beta}}$$

此时，选自合适的参数 μ、β、γ，相应地，$W(Z)$ 则服从指数分布，

Weibull 分布和 Gamma 分布。比如，若 $\mu = 0$，$\beta = 1$，则 $W(Z)$ 服从参数为 gamma 的指数分布。

（4）设随机变量 Z 服从正态分布，其密度函数为 $f(z) = \dfrac{1}{\sqrt{2\pi}\,\sigma} e^{-\frac{(z-u)^2}{2\sigma^2}}$，

$\sigma > 0$，则函数 $W(z) = \dfrac{z^2}{\sigma^2} - \dfrac{uz}{\sigma^2}$。可知 $E_f(W_f) = 1$。

令 $f_1(z) = \dfrac{1}{\sqrt{2\pi}\,\sigma_1} e^{-\frac{(z-u_1)^2}{2\sigma_1^2}}$，$\sigma_1 > 0$，$\mu_1 \neq \mu$，$\sigma_1 \neq \sigma$，则

$$E_{f_1}(W_f) = E_{f_1}\left(\frac{z^2}{\sigma^2} - \frac{uz}{\sigma^2} \right) = \frac{\sigma_1^2 + u_1^2 - uu_1}{\sigma^2} \neq 1$$

即 $E_{f_1}(W_f) \neq E_f(W_f)$。仅当 $\mu_1 = \mu$，$\sigma_1 = \sigma$ 时，$E_{f_1}(W_f) = E_f(W_f)$。

（5）设随机变量 Z 服从对数正态分布，则密度函数为

$$f(z) = \frac{1}{\sqrt{2\pi}z} e^{-\frac{1}{2}(\ln z)^2}$$

有

$$f'(z) = \frac{-1}{\sqrt{2\pi}z^2} e^{-\frac{1}{2}(\ln z)^2} + \frac{-\ln z}{\sqrt{2\pi}z^2} e^{-\frac{1}{2}(\ln z)^2}$$

则 $W(z) = 1 + \ln z$。

性质 6-2-1　由 $\omega = \{ W : W(z) = \gamma z^{\beta} - h(z), \ \beta > 0, \ \gamma > 0, \ h(z) \ $为任意的连续函数$\}$ 所对应的分布函数族是完备的。

证　由 $f(z) = f(0) e^{-\int_0^z \frac{W(x)}{x}dx}$ 可得

$$fw(z) = c \exp\left\{ -\int_0^z \frac{\gamma x^{\beta} - h(x)}{x} dx \right\}$$

$$= c \exp\left\{ -\frac{\gamma}{\beta} z^{\beta} + \int_0^z \frac{h(x)}{x} dx \right\}$$

$$= c \exp\left\{ -\frac{\gamma}{\beta} z^{\beta} + g(z) \right\}$$

其中，$g(z) = \int_0^z \dfrac{h(x)}{x} dx$。

假设 $\phi(z)$ 满足 $E\phi(z) = 0$，对任意 $\gamma > 0$，$\beta > 0$，即

$$\int_{-\infty}^{\infty} \phi(z) c \exp\left\{ -\frac{\gamma}{\beta} z^{\beta} + g(z) \right\} dz = 0$$

取 $\beta = 1$，则

$$\int_{-\infty}^{\infty} \phi(z) e^{g(z)} e^{-\gamma z} dz = 0$$

等式左边是函数 $\phi(z) c e^{g(z)}$ 的双边拉普拉斯变换，由拉氏变换的唯一性知

$$\phi(z) c e^{g(z)} = 0 \quad a.s$$

由于 $c e^{g(z)}$ 不恒为零。所以

$$\phi(z) = 0 \quad a.s$$

令

$$F = \{f: fw(z) = c \exp\{-\frac{\gamma}{\beta} z^\beta + g(z)\}, \ \beta > 0, \ \gamma > 0, \ h(z) \text{ 为任意的}$$

连续函数$\}$

$$F_0 = \{f: fw(z) = c \exp\{-\gamma z + g(z)\}, \ \beta > 0, \ \gamma > 0, \ h(z) \text{ 为任意的}$$

连续函数$\}$

由 β 的任意性，以及 $F_0 \subset F$ 知，任意 $f \in F$，有

$$E\phi(Z) = 0 \Rightarrow \phi(z) = 0 \quad a.s$$

证毕。

第三节 参数的极大似然估计与主要结果

$\{X_i, \ i = 1, \ 2, \ \cdots, \ n\}$ 是一几何过程，a 是几何过程的比，令 $f(x)$ 是 X_1 的密度函数，$f_i(x)$ 是 X_i 的密度函数，

$$f_i(x) = a^{i-1} f(a^{i-1} x), \ i = 1, \ 2, \ 3, \ \cdots, \ n$$

下面，均假设 $f(\cdot)$ 的导数是连续的。

似然函数

$$L(a; \ x) = \prod_{i=1}^{n} a^{i-1} f(a^{i-1} x) = a^{\frac{n(n-1)}{2}} \prod_{i=1}^{n} f(a^{i-1} x)$$

对数似然函数

$$l(a; \ x) = \ln L(a; \ x) = \frac{n(n-1)}{2} \ln a + \sum_{i=1}^{n} \ln f(a^{i-1} x)$$

上式对 a 求偏导得到

$$\frac{\partial lnL}{\partial a} = \frac{n(n-1)}{2a} + \sum_{i=1}^{n}\left(\frac{f'(a^{i-1}x)(i-1)a^{i-2}x}{f(a^{i-1}x)}\right)$$

令 $\frac{\partial lnL}{\partial a}=0$，整理得到方程：

$$\sum_{i=1}^{n}\frac{2(i-1)}{n(n-1)}\left(\frac{f'(a^{i-1}x)a^{i-1}x}{f(a^{i-1}x)}\right)+1=0 \qquad (6-2)$$

设 a_0 为参数 a 的真值，则式（6-2）变为：

$$\sum_{i=1}^{n}\frac{2(i-1)}{n(n-1)}\left(\frac{f'\left(\left(\frac{a}{a_0}\right)^{i-1}a_0^{i-1}x\right)\left(\frac{a}{a_0}\right)^{i-1}a_0^{i-1}x}{f\left(\left(\frac{a}{a_0}\right)^{i-1}a_0^{i-1}x\right)}\right)+1=0$$

令 $\alpha=\frac{a}{a_0}$，$z_i=a_0^{i-1}x$，$i=1,2,3,\cdots,n$。则 z_i，$i=1,2,3,\cdots,n$ 为独立同分布的随机序列。于是上式变为

$$S(n,a)\overset{def}{=}\sum_{i=1}^{n}\frac{2(i-1)}{n(n-1)}\frac{a^{i-1}z_if'(\alpha^{i-1}z_i)}{f(\alpha^{i-1}z_i)}+1=0 \qquad (6-3)$$

几何过程参数 a 的极大似然估计 $\hat{a}_n$ 是方程（6-2）的解，于是 $\hat{a}_n$ 可以表示成 $\hat{a}_n=\hat{a}_n a_0$，其中，$\hat{a}_n$ 是方程（6-3）的解，问题转化成方程（6-3）的根是否存在？如果存在是否收敛到1？

为了叙述方便，我们先引进一些记号，令

$$W_i(\alpha)=W(\alpha^{i-1}z_i)$$

$$E_\sigma W=\int_0^\infty W(z)f\left(\frac{z}{\sigma}\right)\frac{dz}{\sigma} \qquad (6-4)$$

$$Var_\sigma(W)=E_\sigma W^2-(E_\sigma W)^2$$

由 $W(z)$ 的定义，式（6-2）可变为

$$\sum_{i=1}^{n}\frac{2(i-1)}{n(n-1)}W_i(\alpha)+1=0 \qquad (6-5)$$

条件 A （1）存在正数 β，使得

$$\sup_{1<\sigma<\infty}\frac{Var_\sigma(W)}{\sigma^{2\beta}}=\sup_{1<\sigma<\infty}\frac{Var(W(\sigma Z))}{\sigma^{2\beta}}=A<\infty$$

（2）$u(\sigma)=E_\sigma W=EW(\sigma Z)$ 是关于 σ 的增函数，其中 σ>0。

在条件 A 成立时，Yang、Yu 和 Yang 给出了几何过程中参数极大似然

基于非线性期望的系统性风险度量和期权定价
Systematic Risk Measurement and Option Pricing Based on Nonlinear Expectation

估计的存在性和相合性以及渐近正态性。

定理 6-3-1 如果条件 A 成立，则当 n 充分大时，方程（6-5）的根 $\hat{a}_n$ 几乎处处存在，且有

$$|\hat{\alpha}_n - 1| = O\left(\frac{1}{n}\right)$$

定理 6-3-2 如果条件 A 成立，$\hat{a}_n$ 是方程（6-5）的根，且 σ 落在有限区间时，$Var(W'(\sigma Z))$ 和 $Var(W''(\sigma Z))$ 都有界，则

$$n^{\frac{3}{2}}(\hat{\alpha}_n - 1) \xrightarrow{w} N\left(0, \frac{Var(W)}{9(EW')^2}\right) \tag{6-6}$$

第四节 密度估计与主要结果

前面的结果都是在假定 f 已知时得到的。现讨论 f 未知时的情况。

对任意的概率密度函数 $f(\cdot)$，其相应的类似故障率函数为 W，令

$$\omega = \{W : W \text{ 是通过 } f \text{ 定义的，且满足条件 A}\}$$

其中，条件 A 同上。

令 $\hat{\alpha}_n(W)$ 是方程（6-5）的解，令

$$M(W) = (\hat{a}_n(W) - 1)^2$$

定理 6-4-1 如果 W_{f_n} 满足下面条件：

$$M(W_{f_n}) = \inf\{M(W), W \in \omega\}$$

则 $\hat{\alpha}_n(W_{f_n}) \to 1$ a.s.。

由该定理可知，由此确定的 W_{f_n} 能使 $\hat{\alpha}_n(W_{f_n}) \to 1$ a.s.，即 $\hat{a} \to a_0$ a.s.。因此，由该方法估计的几何过程的比 $\hat{a}$ 具有相合性。

通过 $M(W_{f_n}) = \inf\{M(W), W \in \omega\}$，我们可以确定 W_{f_n}。从而，在几何过程 $f(\cdot)$ 未知的情况下，根据我们所确定的 W_{f_n}，就可以确定 $f_n(\cdot)$。

假设 f_0 是 X_1 的真实的密度函数。下面，我们的问题就是是否 $f_n(\cdot) \to f_0(\cdot)$ 或 $W_{f_n} \to W_{f_0}$ 呢？

定理 6-4-2 如果 ω 满足：当 $f \neq f_0$ 时，$E_f(W_{f_0}(z)) \neq E_{f_0}(W_{f_0}(z))$，则 $W_{f_n}(z) \to W_{f_0}(z)$，a.s.。

— 156 —

第五节　讨论

序列 $\{X_i, i=1, 2, 3, \cdots, n\}$ 是相互独立同分布的随机变量，其密度函数为 $f(\cdot)$。在很多情况下，密度函数 $f(\cdot)$ 未必知道，那么如何去估计分布函数 $f(\cdot)$ 呢？也是人们很关心的问题。

假设序列 $\{X_i, i=1, 2, 3, \cdots, n\}$ 是独立同分布的，那么可以将序列 $\{X_i, i=1, 2, 3, \cdots, n\}$ 看成是几何参数 $a=1$ 的一个特殊的几何过程，该问题就转化成了几何过程密度函数估计问题（其中 $a=1$）。因此，我们仍从方程（6-5）出发，由于 $a=1$，那么我们考虑方程

$$\sum_{i=1}^{n} \frac{2(i-1)}{n(n-1)} W(\alpha^{i-1} z_i) - 1 = 0 \qquad (6-7)$$

令 $\hat{\alpha}_n(W)$ 是方程的解，根据几何过程极大似然估计的强相合性知

$$\hat{\alpha}_n(W) \to 1, \text{ a. s}$$

令
$$M(W) = (\hat{\alpha}_n(W) - 1)^2 \qquad (6-8)$$

通过 $M(W_{f_n}) = \inf\{M(W), W \in \omega\}$，我们可以确定 W_{f_n}，根据 W 的定义，W_{f_n} 与 $f_n(\cdot)$ 是一对一变换的，则由 W_{f_n}，我们可以确定 $f_n(\cdot)$。从而得到了密度函数的估计。

对于相互独立同分布序列，密度函数估计的方法中存在以下几个难点：

（1）从密度函数估计的过程中，我们可以看出，最难的是"所有密度函数的 W 集合"怎样刻画，给出具体刻画，才能计算。

（2）本书考虑的仅仅只是形如 $\omega = \{W: W(z) = yz^\beta - u\}$ 这类函数，除此之外，其他 W 集合怎样刻画呢？对于引入的变换 W，除了我们列出来的性质外，还具有什么样的性质呢？

（3）假设我们已经知道了"所有密度函数的 W 集合"，在估计密度函数时，怎样在集合中选择 W？

第六节　定理的证明

定理 6-4-1 的证明　令 f_0 是 X_1 的密度函数，则 $W_{f_0} = \dfrac{-xf'_0(x)}{f_0(x)}$，由题意可知，

$$(\hat{\alpha}_n(W_{f_n}) - 1)^2 \leq (\hat{\alpha}_n(W_{f_0}) - 1)^2$$

又因为

$$\hat{\alpha}_n(W_{f_0}) \to 1, \quad \text{a.s}$$

所以

$$\hat{\alpha}_n(W_{f_n}) \to 1, \quad \text{a.s}$$

证毕。

定理 6-4-2 的证明　假设 $W_{f_n}(z) \to W_f(z) \neq W_{f_0}(z)$，a.s

将式子 $\displaystyle\sum_{i=1}^{n} \frac{2(i-1)}{n(n-1)} W_{f_n}(\alpha_{f_0}^{i-1} z_i)$ 在 $\alpha_{f_0} = 1$ 处 Taylor 展开，得：

$$\sum_{i=1}^{n} \frac{2(i-1)}{n(n-1)} W_{f_n}(\alpha_{f_0}^{i-1} z_i) = \sum_{i=1}^{n} \frac{2(i-1)}{n(n-1)} W_{f_n}(z_i) + (\alpha_{f_0} - 1)$$

$$\sum_{i=1}^{n} \frac{2(i-1)^2}{n(n-1)} W'_{f_n}(z_i) + o(\alpha_{f_0} - 1)$$

由于 $n^{\frac{3}{2}}(\alpha_{f_0} - 1) \to 0$，a.s.，则

$$(\alpha_{f_0} - 1) \sum_{i=1}^{n} \frac{2(i-1)^2}{n(n-1)} W'_{f_n}(z_i) \to 0, \quad \text{a.s}$$

又因为 $\{z_i, i=1, 2, 3, \cdots\}$ 是相互独立同分布的，则

$$\sum_{i=1}^{n} \frac{2(i-1)}{n(n-1)} W_{f_n}(z_i) \text{ 与 } \sum_{i=1}^{n} \frac{(i-1)}{n(n-1)} W_{f_n}(z_i) + \sum_{i=1}^{n} \frac{(i-1)}{n(n-1)} W_{f_n}(z_{n-i+1}) \text{ 等}$$

价。而

$$\sum_{i=1}^{n} \frac{(i-1)}{n(n-1)} W_{f_n}(z_i) + \sum_{i=1}^{n} \frac{(i-1)}{n(n-1)} W_{f_n}(z_{n-i+1})$$

$$= \sum_{i=1}^{n} \frac{(n-1)}{n(n-1)} W_{f_n}(z_i)$$

$$= \frac{1}{n} \sum_{i=1}^{n} W_{f_n}(z_i)$$

即

$$\frac{1}{n} \sum_{i=1}^{n} W_{f_n}(z_i) \to \frac{1}{n} \sum_{i=1}^{n} W_f(z_i) \to 1, \ \text{a. s}$$

由强大数定律知，当 $n \to \infty$ 时

$$\frac{1}{n} \sum_{i=1}^{n} W_{f_n}(z_i) \to E_f(W_{f_0}(z)), \ \text{a. s}$$

而由 W 的性质知

$$E_{f_0}(W_{f_0}(z)) = 1$$

又因为 $f \neq f_0$ 时，

$$E_f(W_{f_0}(z)) \neq E_{f_0}(W_{f_0}(z)) = 1$$

产生矛盾。则原假设不成立，即

$$E_{f_n}(z) \to W_f(z) = W_{f_0}(z), \ \text{a. s}$$

定理得证。

参考文献

[1] Abbaszadeh S., Eshaghi M. A Hadamard-type inequality for fuzzy integrals based on r-convex functions [J]. Soft Comput, 2016, 20: 3117-3124.

[2] Acerbi C. Spectral measures of risk: A coherent representation of subjective risk aversion [J]. Journal of Banking & Finance, 2002, 26 (7): 1505-1518.

[3] Acharya V. V., Pedersen L. H., Philippon T., et al. Measuring systemic risk [J]. CEPR Discussion Papers, 2017, 29 (1002): 85-119.

[4] Adam A., Houkari M., Laurent J. P. Spectral risk measures and portfolio selection [J]. Journal of Banking and Finance, 2008 (32): 1870-1882.

[5] Adrian T., Brunnermeier M. K. Federal reserve bank of New York staff report [J]. Federal Reserve Bank of New York Staff Reports, 2011, 55 (6): 301-348.

[6] Agahi H. An elementary proof of the covariance inequality for choquet integral [J]. Statistics and Probability Letters, 2015, 106: 173-175.

[7] Agliardi R. Asymmetric Choquet random walks and ambiguity aversion or seeking [J]. Theory and Decision, 2017, 83 (4): 591-602.

[8] Allais M. Le comportement de l'homme rationnel devant le risque: Critique des postulates et axiomes de l'ecole americaine [J]. Econometrica, 1953, 21: 503-546.

[9] Armstrong T. E. Chebyshev inequalities and comonotonicity [J]. Real Anal. Exchange, 1994, 19 (1): 266-268.

[10] Artzner P., Delbaen F., Eber J. M., Heath D. Coherent measures of risk [J]. Mathematical Finance, 1999, 9 (3): 203-228.

[11] Avellaneda M., et al. Pricing and hedging derivative securities in markets with uncertain volatilities [J]. Appl Math Finance, 1995, 2: 73-88.

[12] Avriel M. r−convex functions [J]. Math Programming, 1972, 2: 309−323.

[13] Avriel M. Solution of certain nonlinear programs involving r−convex functions [J]. Journal of Optimization Theory and Applications, 1973, 11: 159−174.

[14] Bagnoli M., Bergstrom T. Log−concave probability and its applications [J]. Economic Theory, 2005, 26 (2): 445−469.

[15] Belles−Sampera J., Guillén Montserrat, Santolino M. Beyond value−at−risk: GlueVaR distortion risk measures [J]. Risk Analysis, 2014, 34 (1): 121−134.

[16] Berberian S. K. Measure and integration [M]. Macmillan, New York, 1965.

[17] Best M. J., Hlouskova J. The efficient frontier for bounded assets [J]. Mathematical Methods of Operations Research, 2000, 52: 195−212.

[18] Black F., Scholes M. The pricing of options and corporate liabilities [J]. The Journal of Political Economy, 1973, 81: 637−659.

[19] Borodzicz E. Risk, crisis and security management [M]. Wiley, New York, 2005.

[20] Brüning M. Products of non additive measure, the non discrete case [C]. PhD, University of Bremen, 2003.

[21] Carlsson C., Fullér R. On possibilistic mean value and variance of fuzzy numbers [J]. Fuzzy Sets and Systems, 2001, 122: 135−326.

[22] Ceberio M., Modave F. Interval−based multicriteria decision making [A] // Bouchon−Meunier B., Coletti G., Yager R. R. (Eds.). Modern information processing: From theory to applications [M]. Elsevier, 2006.

[23] Chateauneuf A. et al. Choquet pricing for financial markets with frictions [J]. Mathematical Finance, 1996, 6: 323−330.

[24] Chateauneuf A., Lefort J. P. Some Fubini theorems on product r−algebras for non−additive measures [J]. International Journal of Approximate Reasoning, 2008, 48: 686−696.

[25] Chen Z., Kulperger R. Inequalities for upper and lower probabilities [J]. Statistics and Probability Letters, 2005, 73: 233−241.

[26] Chen Z., Chen T., Davison M. Choquet expectation and Peng's g-expectation [J]. The Annals of Applied Probability, 2005, 3 (33): 1179-1199.

[27] Chen Z., Kulperger R. Minmax pricing and Choquet pricing [J]. Insurance: Mathematics and Economics, 2006, 38: 518-528.

[28] Chen Z., Kulperge R., Wei G. A comonotonic theorem of BSDEs and its applications [J]. Stochastic Processes and their Applications, 2005 (115): 41-54.

[29] Chen Z. Strong law of large numbers for capacities [J]. arXiv: 1006. 0749v1 [math. PR], 2010.

[30] Chen Z., Kulperger R. Inequalities for upper and lower probabilities [J]. Statistics and Probability Letters, 2005, 73, 233-241.

[31] Cherny A. S. Weighted VaR and its properties [J]. Finance and Stochastics, 2006, 10 (3): 367-393.

[32] Choquet G. Theory of capacities [J]. Ann Inst. Fourier, 1953, 5: 131-295.

[33] Couso I., Moral S., Walley P. Examples of independence for imprecise probabilities [A] // 1st International Symposium on Imprecise Probabilities and Their Applications [M]. Ghent, Belgium, 1999.

[34] Cox J., Ross S. The valuation of option pricing: A simplified approach [J]. J. Finan. Econ., 1979, 7: 229-263.

[35] Chopra V. K., Ziemba W. T. The efficient of errors in means, variances, and covariances on optimal portfolio choices [A] // W. T. Ziemba, J. M. Mulvey (Eds.), Worldwide Asset and Liability Modeling [M]. Cambridge: Cambridge University Press, 1998, 53-61.

[36] Crama Y., Schyns M. Simulated annealing for complex portfolio selection problems [J]. European Journal of Operational Research, 2003, 150: 546-571.

[37] De Waegenaere A. et al. Choquet pricing and equilibrium [J]. Insurance: Mathematics and Economics, 2003, 32: 359-370.

[38] Denis L., Martini C. A theoretical framework for the pricing of model contingent claims in the presence of model uncertainty [J]. Annals of Applied Probability, 2006, 16 (2).

[39] Denis L., et al. Function spaces and capacity related to a sublinear expectation: Application to G-Brownian motion paths [J]. Potential Analysis, 2011, 34 (2): 139-161.

[40] Denneberg D. Non-additive measure and integral [M]. Boston: Kluwer Academic Publishers, 1994 (a).

[41] Denneberg D. Conditioning (updating) non-additive measures [J]. Annals of Operations Research, 1994 (b), 52: 21-42.

[42] Denneberg D. Grabisch M. Shapley value and interaction index [J]. Mathematics of interaction index, 1996.

[43] Denoeux T., Masson M. H. Multidimensional scaling of interval-valued dissimilarity data [J]. Pattern Recognition Letters, 2000, 21: 83-92.

[44] Denoeux T., Masson M. H. Principal component analysis of fuzzy data using auto associative neural networks [J]. IEEE Transactions on Fuzzy Systems, 2004, 12 (3): 336-349.

[45] Dorfman M S. Introduction to risk management and insurance (9ed) [M]. Prentice Hall, Englewood Cliffs, N. J, 2007.

[46] Driouchi T., et al. Choquet-based European option pricing with stochastic (and fixed) strikes [J]. OR Spectrum, 2015, 37 (3): 787-802.

[47] El Karoui N., Peng S. G., Quenez M. C. Backward stochastic differential equations in finance [J]. Mathematical Finance, 1997, 7: 1-71.

[48] Ellsberg D. Risk, ambiguity, and the Savage axioms [J]. Quarterly Journal of Economics, 1961, 75: 643-669.

[49] Epstein L., Ji S. Ambiguous volatility and asset pricing in continuous time [J]. Rev Finance Stud, 2013, 26: 1740-1786.

[50] Epstein L., Ji S. Ambiguous volatility, possibility and utility in continuous time [J]. Journal of Mathematical Economics, 2014, 50: 269-282.

[51] Feller W. An Introduction to Probability Theory and its Applications [M]. John wiley and sons, 1968.

[52] Galewska E., Galewski M. R-convex transformability in nonlinear programming problems [J]. Comment. Math. Univ. Carol., 2005, 46: 555-565.

[53] Gao F., Jiang H. Large deviations for stochastic differential equations driven by G-Brownian motion [J]. Stoch. Proc. Appl, 2010, 120: 2212-2240.

［54］Ghirardato P. On Independence for non－additive measures, with a Fubini theorem ［J］. Journal of Economic Theory, 1997, 73: 261-291.

［55］Gill P. M., et al. Hadamard's inequality for r-convex functions ［J］. Journal of Mathematical and Applications, 1997, 215: 461-470.

［56］Girotto B., Holzer S. Chebyshev type inequality for Choquet integral and comonotonicity ［J］. International Journal of Approximate Reasoning, 2011, 52: 1118-1123.

［57］Gou X. J., Xu Z. S. Exponential operations for intuitionistic fuzzy numbers and interval numbers in multi-attribute decision making ［J］. Fuzzy Optimization and Decision Making, 2017, 16: 183-204.

［58］Grabisch M., Nguyen H. T., Walker E. A. Fundamentals of Uncertainty Calculi with Applications to Fuzzy Inference ［M］. Kluwer Academic Publishers, Dordrecht, 1995.

［59］Grabisch M. The application fuzzy integrals in multi-criteria decision making ［J］. European Journal of Operational Research, 1996, 89: 445-456.

［60］Grabisch M., Labreuche C. Bi-capacities for decision making on bipolar scales ［C］. Eurofuse Workshop on Information Systems, Varenna, Italy, 2002: 185-190.

［61］Grabisch M. The interaction and Mobius representation of fuzzy measures on finite spaces, k-additive measures: A survey ［A］// M. Grabisch, T. Murofushi, M. Sugeno (Eds.), Fuzzy measures and integrals: Theory and applications ［M］. Physica Verlag, 2000.

［62］Grabisch M., Labreuche C. A decade of application of the Choquet and Sugeno integrals in multi-criteria decision aid ［J］. Quarterly Journal of Operation Research, 2008, 6: 1-44.

［63］Greco G. H. Sulla rappresentazione di funzionali mediante integrali ［J］. Rendiconti Seminario Matematico Della Universita Di Padova, 1982, 66: 21-42.

［64］Klinger A., Mangasarian OL. Logarithmic convexity and geometric programming ［J］. Journal of Mathematical Analysis and Applications, 1968, 24: 388-408.

［65］Hamada M., Sherris M. Contingent claim pricing using probability distortion operators: Method from insurance risk pricing and their relationship to financial theory [J]. Applied Mathematical Finance, 2003, 10: 19-47.

[66] He S., Wang J., Yan J. Semi–martingale and Stochastic Analysis [M]. Science Press, Beijing, 1995.

[67] Hu F., Chen Z. J., Wu P., A. general strong law of large numbers for non-additive probabilities and its applications [J]. Statistics, 2016, 50 (4): 1-17.

[68] Huber P., Strassen, V. Minimax tests and the Neyman – Pearson lemma for capacities [J]. Annals of Statistics, 1973, 1: 251-263.

[69] Ikeda N., Watanabe S. Stochastic differential equations and diffusion processes [M]. North-Holland, Kodansha, Tokyo, 1981.

[70] Inuiguchi M., Tanino T. Portfolio selection under independent possibilistic information [J]. Fuzzy Sets and Systems, 2000, 115: 83-92.

[71] Kadane J., Wasserman L. Symmetric, Coherent, Choquet Capacities [J]. Annals of Statistics, 1996, 24 (1): 1250-1264.

[72] Kast R., Lapied A. Dynamically consistent Choquet random walk and real investments [J]. Working Paper Lameta DR 2010-21, 2010 (a).

[73] Kast R., Lapied A. Valuing cash flows with non separable discount factors and non-additive subjective measures: Conditional Choquet capacities on time and on uncertainty [J]. Theory Decision. 2010 (b), 69 (1): 27-53.

[74] Kast R., et al. Modelling under ambiguity with dynamically consistent Choquet random walks and Choquet–Brownian motions [J]. Economic Modelling, 2014, 38: 495-503.

[75] Karoui N. E., Peng S. G., Quenez M. C. Backward stochastic differential equations in finance [J]. Mathematical Finance, 1997 (7): 1-71.

[76] Klement E. P., Mesiar R., Pap E. A universal integral as common frame for Choquet and Sugeno integral [J]. IEEE Transaction on Fuzzy System, 2010, 18: 178-187.

[77] Krawczyk J. Numerical solutions to coupled-constraint (or generalised Nash) equilibrium problems [J]. Computational Management Science, 2007, 4 (2): 183-204.

[78] Krishna V. Auction theory [M]. San Diego, USA: Academic

Press, 2002.

[79] Labreuche C., Grabisch M. The Choquet integral for the aggregation of interval scales in multicriteria decision making [J]. Fuzzy Sets and Systems, 2003, 137: 11-26.

[80] Labreuche C., Grabisch M. Generalized Choquet – like aggregation functions for handling bipolar scales [J]. European Journal of Operational Research, 2006, 172: 931-955.

[81] Laffont J. J. The economics of uncertainty and information [M]. MIT Press, Cambridge, 1993: 15-30.

[82] Lam Y. Geometric processes and replacement problem [J]. Acta Mathematicae Applicatate sinica, 1988, 4: 366-377.

[83] Lam Y. A note on the optimal replacement problem [J]. Advances in Applied Probability, 1988, 20: 479-482.

[84] Lam Y. Nonparametric inference for geometric processes [J]. Communication of Statistics Theory Mathematics, 1992, 21 (7): 2083-2105.

[85] Lam Y., Chan S. K. Statistical inference for geometric processes with lognormal distribution [J]. Computational Statistics Data Analysis, 1998, 27: 99-122.

[86] Lapied A., Kast R. Updating Choquet valuation and discounting information arrivals [A]. Working Papers 05-09, Lameta, University of Montpellier, Revised Jan 2005.

[87] Levin D., Ozdenoren E. Auctions with uncertain numbers of bidders [J]. Journal of Economic Theory, 2004, 118 (2): 229-251.

[88] Li S. M., Ogura Y., Kreinovich V. Limit theorems and applications of set-valued and fuzzy set-valued random variables [M]. Kluwer Academic Publishers (Now Springer), Dordrecht, 2002.

[89] Maccheroni F., Marinacci M. A strong law of large numbers of capacities [J]. Annals of Probability, 2005, 33 (3): 1171-1178.

[90] Magočurkrm T., Modave F. The optimality of non-additive approaches for portfolio selection [J]. Expert Systems with Applications, 2011, 38: 12967-12973.

[91] Markowitz H. Portfolio Selection [J]. The Journal of Finance, 1952,

7 (1): 77-91.

[92] Markowitz H. Portfolio selection: Efficient diversification of investments [M]. Wiley, New York, 1959.

[93] Markowitz H. Analysis in portfolio choice and capital markets [M]. Basil Blackwell, Oxford, 1987.

[94] Masson M., Denoeux T. Multidimensional scaling of fuzzy dissimilarity data [J]. Fuzzy Sets and Systems, 2002, 128 (3): 339-352.

[95] Mesiar R., Li J., Pap E. The Choquet integral as Lebesgue integral and related inequalities [J]. Kybernetika, 2010, 46 (6): 1098-1107.

[96] Mesiar R., Li J., Pap E. Pseudo-concave integrals [A] // Nonlinear Mathematics for Uncertainty and its Applications [M]. Berlin: Springer, 2011: 43-49.

[97] Molchanov I. Theory of random sets [M]. Springer, 2005.

[98] Murofushi T., Sugeno M. An interpretation of fuzzy measure and the Choquet integral as an integral with respect to a fuzzy measure [J]. Fuzzy Sets and Systems, 1989, 29: 201-227.

[99] Musiela M., Rutkowski M. Martingale methods in financial modeling [M]. Springer-Verlag, Berlin Heidelberg, New York, 1997.

[100] Myerson R. B. Optimal auction design [J]. Mathematics of Operations Research, 1981, 6 (1), 58-73.

[101] Narukawa Y., Murofushi T. Choquet Stieltjes integral as a tool for decision modeling [J]. International Journal of Intelligent Systems, 2008, 23: 115-127.

[102] Narukawa Y., Murofushi T., Sugeno M. Regular fuzzy measure and representation of comonotonically additive functional [J]. Fuzzy Sets and Systems, 2000, 112: 177-186.

[103] Oksendal B. Stochastic Differential Equations [M]. 6th Edition, Springer, 2006.

[104] Pap E. Null-additive set functions [M]. Kluwer Academic Publishers, Dordrecht, 1995.

[105] Pardoux E., Peng S. G. Adapted solution of a backward stochastic differential equation [J]. Systems and Control Letters, 1990, 14: 55-61.

[106] Peng S. G. Survey on normal distributions, central limit theorem, Brownian motion and the related stochastic calculus under sublinear expectations [J]. Science in China, Series A-Mathematics, 2009, 52: 1391-1411.

[107] Rosenmüller J. Some properties of convex set functions (II) [J]. Methods of Operation Research, 1972, 17: 277-307.

[108] Schmeidler D. Integral representation without additivity [J]. Proceeding of the American Mathematical Society, 1986, 97: 253-261.

[109] Schmeidler D. Subjective probability and expected utility without additivity [J]. Econometrica, 1989, 57: 571-587.

[110] Shapley L. A value for n-person games [A] // H. Kuhn and A. Tucker (eds.), Contributions to the theory of games (II) [M]. Princeton University Press, 1953.

[111] Shen S. H., Liu T. H., Zhang Z. G. Optimal number of repairs before replacement for a two-unit system subject to non-homogeneous pure birth process [J]. Computers and Industrial Engineering, 2014, 69: 71-76.

[112] Song Y. S., Yan J. A. The representations of two types of functionals on L^{∞} (Ω, F) and L^{∞} (Ω, F, $\mathbb{P}$) [J]. Science in China, Series A-Mathematics, 2006, 49 (10): 1376-1382.

[113] Song Y. S., Yan J. A. Risk measures with comonotonic subadditivity or convexity and respecting stochastic orders [J]. Insurance: Mathematics and Economics, 2009, 45: 459-465.

[114] Sugeno, M. A note on derivatives of functions with respect to fuzzy measures [J]. Fuzzy Sets and Systems, 2013, 222: 1-17.

[115] Sugeno M., Narukawa Y., Murofushi T. Choquet integral and fuzzy measures on locally compact space [J]. Fuzzy Sets and Systems, 1998, 99: 205-211.

[116] Tanaka H., Guo P., Turksen I. B. Portfolio selection based on fuzzy probabilities and possibility distributions [J]. Fuzzy Sets and Systems, 2000, 111: 387-397.

[117] Tarashev N. Measuring portfolio credit risk correctly: Why parameter uncertainty matters [J]. Journal of Banking & Finance, 2010, 34 (9): 2065-2076.

[118] Torra V., Narukawa Y. Some relationships between Losonczi's based OWA generalizations and the Choquet – Stieltjes integral [J]. Soft computing, 2010, 14 (5): 465-472.

[119] Tversky A., Kahneman D. Advances in prospect theory: Cumulative representation of uncertainty [J]. Journal of Risk and Uncertainty, 1992, 5: 297-323.

[120] Vickrey W. Counter speculation, auctions and competitive Sealed Tenders [J]. Journal of Finance, 1961, 16: 8-37.

[121] Walley P., Fine T. L. Towards a frequentist theory of upper and lower probability [J]. Annals of Statistics, 1982, 10: 741-761.

[122] Wakker P. Testing and characterizing properties of nonadditive measures through violations of the sure-thing principle [J]. Econometrica, 2001, 69: 1039-1059.

[123] Wasserman L., Kadane J. Bayes' theorem for Choquet capacities [J]. Annals of Statistics, 1990, 18: 1328-1339.

[124] Wang G. J., Zhang Y. L. Geometric process model for a system with inspection and preventive repair [J]. Computers and Industrial Engineering, 2014, 75: 13-19.

[125] Wang S. S. A Class of distortion operators for pricing financial and insurance risks [J]. Journal of Risk & Insurance, 2000, 67 (1): 15-36.

[126] Wang S. S. Equilibrium pricing transforms: New results using Buhlmann's 1980 economic model [J]. ASTIN Bulletin, 2003, 33: 57-73.

[127] Wang S. S., Young V., Panjer H. Axiomatic characterization of insurance prices [J]. Insurance: Mathematics and Economics, 1997, 21: 173-183.

[128] Wang R. S. Some inequalities and convergence theorems for Choquet integral [J]. Journal of Computational and Applied Mathematics, 2011, 35: 305-321.

[129] Wang Z. Y., et al. Nonlinear nonnegative multiregressions based on Choquet integrals [J]. International Journal of Approximate Reasoning, 2000, 25: 71-87.

[130] Wang Z. Y., Leung K. S., Klir G. Applying fuzzy measures and

nonlinear integral in data mining [J]. Fuzzy Sets and Systems, 2005, 156: 371-380.

[131] Wang Z. W., Yan J. A. A selective overview of applications of Choquet integrals [J]. Advanced Lectures in Mathematics, 2007: 484-515.

[132] Wang Z., Klir G. J. Generalized measure theory [M]. Springer, Berlin Heidelberg, New York, 2009.

[133] Wang H. X., Li S. M. Ambiguous risk aversion under capacity [J]. International Journal of Uncertainty, Fuzziness and Knowledge-Based Systems, 2012, 20 (Suppl. 1): 91-103.

[134] Wang H. X., Li S. M. Some properties and convergence theorems of set-valued Choquet integrals [J]. Fuzzy Sets and Systems, 2013, 219: 81-97.

[135] Wang H. X. Conditional Choquet expectation [J]. Communications in Statistics-Theory and Methods, 2015, 44 (18): 3782-3795.

[136] Wang H. X. Fubini theorems for capacities [J]. International Journal of Uncertainty. Fuzziness and Knowledge - Based Systems, 2016, 24 (6): 901-916.

[137] Wang H. X. The Choquet integral of log-convex functions [J]. Journal of Inequalities and Applications, 2018, 2018: 210.

[138] Wang H. X. Sub-concave and sub-convex capacities [J]. Fuzzy Sets and Systems, 2019, 364: 64-75.

[139] Wang H. X. Choquet integrals of r-convex functions [J]. Soft Computing, 2019, 23: 12991-12999.

[140] Wang R. S. Some inequalities and convergence theorems for Choquet integral [J]. Journal of Computational and Applied Mathematics, 2011, 35: 305-321.

[141] Wang X., Li S. M., Denoeux T. Interval-valued linear model [J]. International Journal of Computational Intelligence Systems, 2015, 8 (1): 114-127.

[142] Wang Y. Commission strategy of the auction house [J]. Wuhan University Journal of Natural Sciences, 2006, 11.

[143] Wilson R. B. Competitive bidding with disparate information [J]. Management Science, 1969, 15: 446-448.

［144］Yaari M. E. The dual theory of choice under risk ［J］. Econometrica, 1987, 55 (1): 95-115.

［145］Yan J. A. A short presentation of Choquet integral, in: Recent developments in stochastic dynamics and stochastic analysis ［J］. Interdisciplinary Mathematical Sciences, 2009, 8: 269-291.

［146］Yang A. J., Yu H., Yang Z. H. The MLE of geometric parameter for a geometric process ［J］. Communications in Statistics – Theory and Methods, 2006, 35 (10): 1921-1930.

［147］Yang R., Wang Z. Y., Heng P., et al. Fuzzified choquet integral with fuzzy-valued integrand and its application on temperature prediction ［J］. IEEE Transactions on SMCB, 2008, 38 (2): 367-380.

［148］Zabandan G., et al. The Hermite-hadamard inequality for r-convex functions ［J］. Journal of Inequalities and Applications, 2012, 2012: 215.

［149］Zadeh L. A. Fuzzy sets as a basis for a theory of possibility ［J］. Fuzzy Sets and Systems, 1978, 1, 3-28.

［150］Zank H. Cumulative prospect theory for parametric and multiattribute utilities ［J］. Mathematics of Operations Research, 2001, 26 (1): 67-81.

［151］Zhang J. F., Li S. M. Maximal (minimal) conditional expectation and European option pricing with ambiguous return rate and volatility ［J］. International Journal of Approximate Reasoning, 2013, 54: 393-403.

［152］Zhang X. M., Jiang W. D. Some properties of log-convex function and applications for the exponential function ［J］. Computers and Mathematics with Applications, 2012, 63: 1111-1116.

［153］Zhang W. G. Possibilistic mean-standard deviation models to portfolio selection for bounded assets ［J］. Applied Mathematics and Computation, 2007, 189: 1614-1623.

［154］巴曙松, 居姗, 朱元倩. 我国银行业系统性违约风险研究——基于 Systemic CCA 方法的分析 ［J］. 金融研究, 2013, 9: 71-85.

［155］保尔·米格罗姆. 拍卖理论与实务 ［M］. 北京: 清华大学出版社, 2006: 9-15.

［156］卜林, 李政. 金融系统性风险的度量与监测研究 ［J］. 南开大学学报 (哲学社会科学版), 2016 (4).

［157］毕志伟，王彦. 考虑佣金的关联价值拍卖模型［J］. 管理科学学报，2005（8）.

［158］范小云，方意，王道平. 我国银行系统性风险的动态特征及系统重要性银行甄别——基于 CCA 与 DAG 相结合的分析［J］. 金融研究，2013，11：82-95.

［159］高国华，潘英丽. 基于资产负债表关联的银行系统性风险研究［J］. 管理工程学报，2012，26（4）：162-168.

［160］高俏俏，岳德权. 有采购提前期的两部件串联系统的更换策略［J］. 系统科学与数学，2015，35：965-976.

［161］宫晓琳，等. 非线性期望理论与基于模型不确定性的风险度量［J］. 经济研究，2015，578（11）：135-149.

［162］韩立岩，周娟. Knight 不确定环境下基于模糊测度的期权定价模型［J］. 系统工程理论与实践，2007，12：123-132.

［163］姜礼尚. 期权定价的数学模型和方法［M］. 北京：高等教育出版社，2008.

［164］李静婷，何平，孟繁旺. 中国宏观审慎监管预警指标选取及模型构建——基于对国外指标的比较和实证检验［J］. 经济与管理研究，2012，3：12-22.

［165］李文泓，林凯旋. 关于用广义信贷/GDP 分析我国银行业系统性风险的研究［J］. 金融监管研究，2013，6：13-30.

［166］李忠范，高文森. 应用数理统计［M］. 北京：高等教育出版社，2008.

［167］刘树林，杨卫星. 第一价格密封拍卖中的最优保留价和最优佣金率研究［J］. 经济研究，2011，11：145-156.

［168］马君潞，范小云，曹元涛. 中国银行间市场双边传染的风险估测及其系统性特征分析［J］. 经济研究，2007，42（1）：68-78.

［169］彭实戈. 非线性期望的理论、方法及意义［J］. 中国科学：数学，2017，10：126-157.

［170］汪定伟. 网上拍卖的模型与机制设计［M］. 北京：电子工业出版社，2014：15-16.

［171］王洪霞. 次凹和次凸容度［J］. 模糊系统与数学，2019，33（3）：107-112.

［172］王洪霞. 对数凸函数的 Choquet 积分［J］. 模糊系统与数学，2019, 33（6）: 32-39.

［173］王洪霞. 基于 r-凸函数的 Choquet 积分不等式［J］. 模糊系统与数学，2020, 34（4）: 57-65.

［174］王彦，毕志伟，李楚霖. 佣金收取对拍卖结果的影响［J］. 管理科学学报，2004（7）.

［175］杨振海，张忠占. 应用数理统计［M］. 北京：北京工业大学出版社，2005.

［176］张磊，樊治平，乐琦. 基于 Choquet 积分的综合风险测评方法［J］. 东北大学学报（自然科学版），2010, 31（11）: 1665-1668.